Michael Weberschläger

Die Rolle der
Global Distribution Systems (GDS)
in der Online-Flugbuchung

Alternative Distributionslösungen
und Mobile Commerce als Möglichkeit
die Ticketdistribution zu revolutionieren

Bachelor + Master
Publishing

Weberschläger, Michael: Die Rolle der Global Distribution Systems (GDS) in der Online-Flugbuchung: Alternative Distributionslösungen und Mobile Commerce als Möglichkeit die Ticketdistribution zu revolutionieren, Hamburg, Bachelor + Master Publishing 2013
Originaltitel der Abschlussarbeit: Alternativen zu Global Distribution Systems im Online-Flugbuchungsprozess

Buch-ISBN: 978-3-95549-218-2
PDF-eBook-ISBN: 978-3-95549-718-7
Druck/Herstellung: Bachelor + Master Publishing, Hamburg, 2013
Zugl. Fachhochschule Steyr, Steyr, Österreich, Bachelorarbeit, 2013

Bibliografische Information der Deutschen Nationalbibliothek:
Die Deutsche Nationalbibliothek verzeichnet diese Publikation in der Deutschen Nationalbibliografie; detaillierte bibliografische Daten sind im Internet über http://dnb.d-nb.de abrufbar.

© Bachelor + Master Publishing, Imprint der Diplomica Verlag GmbH
Hermannstal 119k, 22119 Hamburg
http://www.diplomica-verlag.de, Hamburg 2013
Printed in Germany

Inhaltsverzeichnis

ABBILDUNGSVERZEICHNIS

Tabellenverzeichnis

Abkürzungsverzeichnis / Glossar

API	Application Program Interface
ARC	Airline Reporting Corporation
ATPCO	Airline Tariff Publishing Company
B2B	Business-to-Business
B2C	Business-to-Customer
BI	Business Intelligence
BSP	Billing and Settlement Plan
CEO	Chief Executive Officer
CTO	Chief Technical Officer
CPO	Costs per Order
CRS	Computer Reservation System
DM	Distribution Manager
EDIFACT	Electronic Data Interchange For Administration, Commerce and Transport
FMS	Fare Management System
GDS	Global Distribution System
GNE	GDS New Entrants
IATA	International Air Transport Association
IBE	Internet Booking Engine
LCC	Low Cost Carrier
NDC	New Distribution Capability
OAG	Official Airline Guide
ODD	Online Distribution Database
OTA	Online Travel Agencies
PNR	Passenger Name Record
QR	Quick Response
RSS	Really Simple Syndication
SaaS	Software as a Service
SITA	Société Internationale de Télécommunication Aéronautique
TPF	Transaction Processing Facility
XML	Extended Markup Language

Kurzfassung

Obwohl die Reisebranche eine der Ersten war, die den E-Commerce Bereich für sich genutzt hat, blieb der Kern der operativen Reservierungssysteme für Flüge, Hotels oder Mietwagen gänzlich unberührt. Die Rede ist hier konkret von den globalen Distributionssystemen (GDS), welche seit über 30 Jahren auf der selben Technologie basieren. Diese Systeme bieten den Fluggesellschaften an, ihre Tarife weltweit zu distribuieren und bekommen im Gegenzug dafür von den Airlines Buchungsgebühren in exorbitanter Höhe bezahlt. Die Fluggesellschaften versuchen daher mittels alternativer Vertriebswege diese globalen Distributionssysteme zu umgehen. Mit Hilfe der Nutzung neuer Technologien und der Möglichkeiten des E-Commerce Bereichs, wie beispielsweise Meta-Suchmaschinen und Mobile Commerce, sowie alternativen GDS, sogenannten Global New Entrants (GNE), stehen den Airlines mehrere Ansätze zur Verfügung, um so möglicherweise die GDS-Distribution zu umgehen.

In dieser wissenschaftlichen Arbeit wird anfangs der Online-Flugbuchungsprozess sowie dessen einzelne Komponenten dargestellt und beschrieben. Es erfolgt ebenso schon ein kurzer Einblick in wie weit die Global Distribution Systems in einer Online-Flugsuche involviert sind und welche Rolle sie darin spielen. Nachfolgend werden die Global Distribution Systems im Detail beschrieben, dies umfasst die Betreiber, Marktanteile, die gesamte Funktionsweise, sowie die Beschreibung aller genutzten Technologien, Komponenten und Systeme. Die Funktionsweise wird hier aus technischer sowie aus vertrieblicher Sicht dargestellt. Im Anschluss daran erfolgt die Beschreibung und der Vergleich der alternativen Lösungswege. Dieser inhaltliche und tabellarische Vergleich dient gleichzeitig als Grundlage für einen Ansatz eines langfristigen Lösungskonzeptes zur Ersetzung der Global Distribution Systems.

Das Ergebnis wird in dieser Arbeit, in einer kurzfristigen- und in einer langfristigen Lösung beschrieben. Die langfristige Lösung wird auf Basis der schon beschriebenen Alternativlösungen dargestellt, einzelne Ideen und Konzepte dieser Alternativlösungen wurden zu einem einheitlichen Konzept zusammengeführt und grafisch sowie inhaltlich aufbereitet. Die kurzfristige Lösung bezieht sich in dieser Arbeit auf die Direktbuchung mittels der Buchungswebseite der Airlines. Dies ist der kostengünstigste Kanal um die Produkte der Airlines zu vertreiben, unterstützt durch Meta-Suchmaschinen, sowie dem Bereich des Mobile Commerce.

Abschließend wird dargestellt, dass die globalen Distributionssysteme kurzfristig nicht ersetzt werden können. Dies ist auch der Grund, warum sich das Ergebnis der Arbeit auf eine kurzfristige und auf eine langfristige Lösung stützt. Die einzige Möglichkeit aus Sicht der Fluggesellschaften ist es, den Direktvertrieb zu forcieren, um so zumindest die Anzahl der GDS-Buchungen zu verringern.

Executive Summary

The travel industry was one of the first who used the e-commerce area. The core of the reservation systems which are responsible for flights, hotels, and/or rental car bookings have remained untouched. We are talking about the Global Distribution Systems (GDS), which for over 30 years are based on the same technology. These systems offer the airlines to distribute their rates worldwide and in return they charge exorbitant fees. The airline-industry are trying to avoid that by using alternative distribution channels to bypass the Global Distribution Systems. Using new technologies and e-commerce sectors such as meta-search engines, mobile commerce, and alternative GDS called Global New Entrants (GNE), are several approaches for airlines to possibly bypass the GDS distribution.

At the beginning of this thesis the online flight booking process is shown graphically followed by the description of its individual components and descriptions. Afterwards, a brief insight into how far the global distribution systems are involved in an online flight search and what role they play in it, will be represented. In the following the global distribution systems are described in detail. This includes operators, market shares, way of functioning, and the description of all used technologies, components and systems. The functionality is shown in a technical and in a sales perspective and is followed by the description and comparison of alternative solutions. The textual and tabular comparison are the basis for an approach to a long-term solution concept for replacing the Global Distribution Systems.

The result in this work is described in a short term and in a long-term solution. The long-term solution is based on the previously described alternative solutions. Individual ideas and concepts of these alternative solutions have been merged into a consistent concept which is depicted graphically and textually. The short-term solution in this thesis relates to the possibility of direct-booking on the airline websites. This is the most economic channel to distribute the products of airlines, supported by the use of meta-search engines and the area of mobile commerce.

At the end of that thesis, it is represented that the global distribution systems can't be replaced in the short term. This is the reason why the result of the work is subdivided in a short term and a long-term solution. Because the only way from the viewpoint of the airlines to compete with the GDS in short term, is to force the direct distribution to reduce the number of GDS bookings.

1 Einleitung

Durch die stetige Weiterentwicklung des Internets und des E-Commerce-Bereiches, gab es in den letzten Jahren auch massive Verbesserungen im Bereich der Flugbuchungen. Bis heute gilt das Internet als die größte jemals eingetretene Veränderung am Tourismussektor. 2013 wird der weltweite E-Commerce Handel einen Wert von 1,4 Billionen USD erreichen und die Reisebranche mit dem Hauptanteil des Flugticketvertriebs ist darin das größte Segment.[1] Ein Großteil der 2,97 Milliarden jährlich reisenden Passagiere nutzt mittlerweile die Möglichkeit über das Internet ihre Flüge zu buchen.[2] Dabei werden dem Reisenden mittels Metasuchmaschinen, Online Travel Agents (OTA), sowie durch die bereitgestellten Buchungswebsites der Airlines, die Online-Buchungen erheblich erleichtert und machen sowohl Verfügbarkeits- als auch Preistransparenz für jedermann zugänglich, ohne ein Reisebüro als Mittelsmann in den Informations- und Buchungsprozess integrieren zu müssen.[3]

Während sich aber in diesem Bereich der Flugbuchungen massive Verbesserungen und Änderungen abspielen, bleiben die dahinterliegenden Systeme fast unberührt. Die Rede ist hier von den Globalen Distributions Systemen (GDS), die die Mehrheit aller weltweit verfügbaren Tarife und Vakanzen von Personenflügen bereitstellen. Die weltweit mehr als 550 angebundenen Airlines bzw. 163.000 Reisebüros sichern den GDS eine monopolartige Vormachtstellung und zwingen die angebundenen Airlines, die jährlich steigenden GDS Buchungsgebühren hinzunehmen, ohne dass die GDS-Betreiber aus Sicht der Airlines klare Verbesserungen bereitstellen.[4]

Daraufhin hat sich in den letzten Jahren das einheitliche Bild am GDS-Sektor verändert. Es wurden Unternehmen beauftragt Alternativsysteme, sogenannte GNE (GDS New Entrants), zu entwickeln und Airlines bieten ihre Flüge über die eigene Website an um eine Bypass-Lösung für die steigenden GDS-Gebühren zu schaffen. Die GDS verloren zwar an Marktanteil, aber der große Erfolg der Bypass-Lösung blieb aus.[5] Klar ist aber, dass durch den Eintritt der GNE, dem Fort-

---

[1] Quelle: Cisco Studie, 2011
[2] Quelle: IATA Presseaussendung, 2011
[3] Vgl. Granados, 2006, S. 17
[4] Vgl. PhocusWright Studie, 2010
[5] Vgl. Pease, 2007, S. 99

schritt und der steigenden Akzeptanz des E-Commerce und Mobile-Commerce, die Karten am Flugbuchungsmarkt neu gemischt werden.[6]

1.1 Problemstellung

Das Global Distribution System (GDS) wird zur Reservierung von Flügen verwendet. Diese Systeme werden weltweit über lediglich drei nennenswerte Anbieter (Amadeus, Sabre und Travelport) bereitgestellt.

Die GDS dienen als Schnittstelle und gleichzeitig zentrale Datenbank zwischen den Anbietern (Airlines) und den Online Travel Agents (OTA) bzw. den stationären Reisemittlern. Der Einfluss der GDS ist im Tourismus derart tief verankert, dass sie oft sogar als eigenständige Wertschöpfungsstufe in der Tourismus Supply-Chain gesehen werden.[7] Mehr als 550 Airlines weltweit stellen über diese Systeme ihre Vakanzen bzw. ihre Tarife bereit. Durch ihre bisher monopolartige Stellung können so von den Airlines, pro erfolgreich abgeschlossener Flugbuchung, 12 USD verlangt werden. Jährlich werden somit 7 Milliarden USD an GDS Buchungsgebühren bezahlt, mehr als doppelt so viel, wie die gesamte Airline-Branche im Jahr 2012 Gewinne schrieb.[8]

Gerade in Zeiten des E-Commerce und des Onlinehandels versuchen viele Airlines daher, diese GDS mittels Direktvertrieb (Website) und/oder alternativen Systemen zu umgehen, um zumindest im Onlinevertrieb die Gebühren, die an die GDS bezahlt werden, zu verringern.[9] Auch die IATA, die Internationale Flug-Transport-Vereinigung, kündigte an, an einem unabhängigen System mit offenen Standards und verbesserter Interoperabilität zu arbeiten.[10] Ein Hauptkritikpunkt ist, neben den hohen Gebühren, das Alter des Systems, denn das in den 60er Jahren entwickelte System beruht immer noch auf alphanummerischen Befehlscodes, was einen sehr kryptischen Bedienmodus zur Folge hat.[11] Eine Eingabe über ein GUI heißt demnach, dass verschiedene Schnittstellen zwischengeschaltet werden müssen, um die Daten für das GDS lesbar zu machen und umgekehrt. Fehlende

---

[6] Vgl. Prideaux, Carson, 2010, S. 131

[7] Vgl. Buhalis, 2003, S. 37

[8] Vgl. Parkins, The Economist, 2012

[9] Vgl. Doganis, 2006, S. 215

[10] Vgl. IATA Resolution 787, 2012

[11] Vgl. Schulz, 2010, S.14

offenen Übertragungsstandards auf XML Basis erschweren zusätzlich eine Anbindung von externen Dienstleistern.

Da Global Distribution Systems nicht nur Flugtarife, sondern auch Hotel-, Bahn-, Fähren- und Mietwagentarife bereitstellen, kommt es oft zu Redundanzen von personenbezogenen Daten, bei Buchungen von Gesamtreisen.

Dennoch gestaltet es sich bisher als schwierig diese Systeme zu ersetzen. Gründe sind einerseits die hohe Komplexität der heterogenen Systemlandschaft und das damit verbundene Zusammenspiel mit anderen Systemen, andererseits die tiefe Integration bei vielen Airlines und Reisemittlern und die daraus resultierende hohe Marktakzeptanz. Weiters wird durch die Gründung und Akquise von Online Travel Agencies und Metasuchmaschinen versucht, einen weiteren Lock-In Effekt seitens der GDS-Betreiber zu erzeugen.

1.2 Zielsetzung

Die Vertriebswege der Flugtickets gestalten sich aus technischer und absatzpolitischer Sicht als sehr komplex und umfangreich.[12] Ein Teilziel dieser Arbeit ist es daher einen Überblick über diese Distributionswege und deren Komponenten, Schnittstellen und Systemteilnehmer zu schaffen. Da sich dieser spezielle Sektor des E-Commerce derzeit in einem großen Wandel befindet und sich im Monatstakt neue Zusammenschlüsse und veränderte Marktbedingungen zeigen, wurde hier vermehrt auf Online-Literaturquellen gesetzt, da in der bestehenden Literatur aktuelle Gegebenheiten natürlich noch nicht festgehalten und beurteilt wurden und/oder in der Literatur beschriebene Lösungen, Systeme und Ansätze nicht mehr der Realität entsprechen.[13]

Hauptziel dieser Arbeit soll aber schlussendlich die Darstellung von potentiellen Alternativlösungen hinsichtlich der bestehenden Global Distribution Systems sein. Die Betrachtung erfolgt dabei aus zwei Sichten, aus technischer Sicht ein Alternativsystem, und aus E-Commerce Sicht ein alternativer Vertriebsweg. Die gezeigten Lösungen sollen einen kurz- und langfristigen Ersatz der Global Distribution Systems ermöglichen.

---

[12] Vgl. Gunther, 2011, S.163, 168

[13] Vgl. Harteveldt, IATA Report, 2012

Durch die Aufbereitung der im Kapitel 4 beschriebenen Lösungen wird dargestellt, dass es bereits eine Anzahl an potentiellen Nachfolgern der GDS gibt. Natürlich betrifft dies in erster Linie den Online-Bereich, im Offlinehandel gestaltet sich dies als sehr schwer, da ca. 163.000 Reisebüros weltweit mit GDS arbeiten und die gewohnte Umgebung bzw. der jahrelange Umgang mit den Systemen klarerweise eine sehr starke Wechselbarriere darstellen.[14] Dennoch haben Unternehmen wie Google/ITA in den USA bereits erfolgreich vorgezeigt, wie Flugbuchungen in Zukunft aussehen könnten. Auch im Bereich des Direktvertriebes, sind aus Sicht der Airlines große Potentiale vorhanden.[15]

Die kritische Betrachtung der bereits existierenden Ansätze und die nachfolgende Darstellung eines neuen, konzeptionellen Ansatzes, soll abschließend die Frage beantworten, ob in naher Zukunft GDS vorteilhaft ersetzt werden können.
Ob die klassischen GDS jemals aussterben, lässt sich nur schwer beantworten, aber gewiss ist: Die GDS-Betreiber sind nun mit einer Situation konfrontiert, die sie in den letzten 40 Jahren nicht hatten, nämlich sich im Wettbewerb gegen Konkurrenten zu behaupten.

1.3 Forschungsfragen

   i.   Online Buchungsprozess
- a. Wie funktioniert eine Online-Flugbuchung?
- b. Welche Systeme und Plattformen sind dabei involviert?

   ii.   Global Distribution Systems
- a. Was sind Global Distribution Systems?
- b. Wie funktionieren diese?
- c. Welche Rolle spielen sie im Online-Flugbuchungsprozess?

   iii.   Alternativlösungen zu GDS
- a. Welche Alternativsysteme gibt es und wie funktionieren diese?
- b. Welche alternativen Vertriebswege gibt es?

   iv.   Welche alternativen Lösungsansätze können angewendet werden um die Global Distribution Systems im Online-Flugbuchungsprozess kurz- und langfristig zu ersetzen?

---

[14] Vgl. PhocusWright Studie, 2010
[15] Vgl. Harteveldt, IATA Report, 2012

1.4 Aufbau und Struktur

Kapitel 2 beinhaltet eine vereinfachte Darstellung und Erklärung eines Online-Flugbuchungsprozesses mit den involvierten Systemen und Plattformen. Ein kurzer Überblick welche Gebühren und Provisionen für welche Plattform anfallen wird hier in tabellarischer Form dargestellt. Im Anschluss daran erfolgt die Aufbereitung und Beschreibung jeder einzelnen Komponente.

Im Kapitel 3 werden die GDS beschrieben. Dies umfasst die Anfänge der Systeme, deren Weiterentwicklung und Marktanteile. Eine grafische Darstellung zeigt hier den Unterschied zwischen einer GDS-Distribution und einem Vertriebsmodell ohne den GDS. Des Weiteren erfolgt in diesem Kapitel die Beschreibung der einzelnen Komponenten, die für eine Flugreservierung mittels eines Global Distribution Systems notwendig sind. Anschließend wird die Funktionsweise auf Basis dieser Komponentenbeschreibung nähergebracht. Am Ende werden noch kurz die Grenzen und technischen Hauptkritikpunkte aufgelistet.

Kapitel 4 befasst sich mit der Aufbereitung, Beschreibung und dem Vergleich der Alternativlösungen. Diese umfassen insgesamt vier Lösungsansätze: Zwei Lösungen auf GNE Basis (Google/ITA, Farelogix), eine Lösung auf NDC Basis (IATA-NDC) und dem Direktvertrieb. Im Anschluss daran erfolgt ein inhaltlicher und tabellarischer Vergleich der Lösungen. In der angeführten Tabelle werden die Alternativlösungen gleichzeitig mit der GDS-Lösung verglichen. Abschließend erfolgt hier eine Schlussfolgerung, resultierend aus dem inhaltlichen und tabellarischen Vergleich.

Im Kapitel 5 wird das Konzept eines langfristigen Lösungsansatzes vorgestellt. Dies beinhaltet eine grafische und inhaltliche Aufbereitung dieser. Weiters wird hier auf kritische Faktoren und mögliche Auswirkungen auf die involvierten Systeme eingegangen. Am Ende dieses Kapitels erfolgt ein kurzer Schwenk zurück auf den Direktvertrieb, dargestellt als kurzfristiger Lösungsansatz. Es werden hier die schon sehr ausgereiften Möglichkeiten des Direktvertriebs mittels Mobile Commerce gezeigt.

Abschließend erfolgen im Kapitel 6 eine Erkenntnis aus den in Kapitel 4 und Kapitel 5 erarbeiteten Fakten, sowie ein Fazit. Ein kurzer Ausblick, wie sich die Marktlage in den kommenden Jahren verändern könnte, bzw. sich Alternativlösungen mit dem heutigen Wissensstand etablieren könnten.

2 Online-Flugbuchungsprozesse

Zu Anfang wird festgehalten, dass eine Online-Flugbuchung grundsätzlich über zwei Absatzwege möglich ist. Zum einen der Direktvertrieb der Airlines, der sich im Onlinebereich auf den Webauftritt der Fluggesellschaft beschränkt und zum anderen über Intermediäre, den so genannten Online-Travel-Agencies (OTA). Erfolgt eine Buchung mittels einem OTA, ist ein weiterer Intermediär, nämlich das Global Distribution System (GDS) in den Buchungsverlauf involviert. Das GDS bildet somit die Schnittstelle zwischen Leistungsanbieter und Leistungsnutzer.

Die nachfolgende Grafik zeigt einen beispielhaften Buchungsweg mittels einer Meta-Suchmaschine und den damit verbundenen Distributionswege. In der Grafik dargestellte Abfragen und Bereitstellungen beziehen sich auf Tarife und Vakanzen der von den Airlines bereitgestellten Flugtickets.

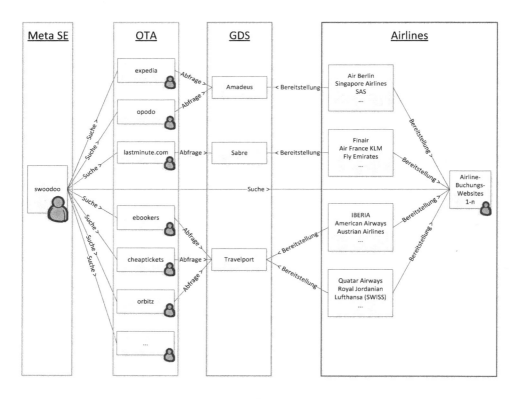

Abbildung 1: Online-Flugbuchungsprozess [16]*

---

[16] Quelle: Amadeus, Sabre, Travelport, Orbitz, Travelocity, Opodo; Grafik selbst erstellt

* Stand: Dezember 2012

Grundsätzlich hat ein Flugsuchender die Möglichkeit, sowohl über Metasuchmaschinen (in diesem Fall wurde die Suchmaschine „Swoodoo" gewählt), als auch auf den OTA-Websites (Expedia,...), oder direkt auf den Airline-Websites (Lufthansa,...) eine Suchabfrage zu starten. Abhängig von der Ebene in der man die Flugsuche startet ergeben sich unterschiedliche Ausprägungen der Preistransparenz. So hat man beispielsweise auf der Airline-Website keinerlei Vergleichsmöglichkeiten mit anderen Leistungsanbietern. Metasuchmaschinen bieten diesbezüglich schon ein erheblich umfangreicheres Spektrum der Preistransparenz, da diese hier die Funktion der übergeordneten Suche nutzen.

Die Metasuchmaschine durchsucht die OTAs sowie die Airline-Buchungswebsites direkt, das heißt im Falle einer Buchung über die Airline-Buchungswebsite umgeht man die gesamte GDS-Systemwelt und es entfallen 2 Intermediäre. Bezogen auf die Darstellung des Online-Buchungsprozesses gilt es anzumerken, dass Airlines nicht nur die GDS zur Tarifdistribution verwenden, sondern diese Tarife auch in Tarifdatenbanken zur Verfügung stellen.

2.1 Vergütungsmodelle

Wie in der Einleitung erwähnt, müssen Airlines an Vertriebs-, bzw. Systempartner Gebühren und Kommissionen bezahlen, wobei hier hervorzuheben ist, dass die Buchungsgebühr den mit Abstand höchsten Anteil ausmacht. Nachfolgend ist in groben Zügen das Vergütungsmodell in der Online-Flugbuchungs-Distribution mit Einbezug der Metasuchmaschinen dargestellt.

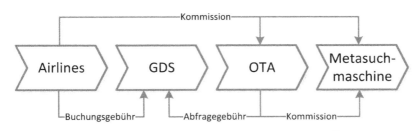

Abbildung 2: Airline-Onlinevergütungsmodell [17]

---

[17] Inhaltlich modifiziert übernommen aus Sterzenbach, 2009, S. 456, Grafik selbst erstellt

Sobald eine erfolgreiche Buchung über einen OTA getätigt wurde, wird eine Buchungsgebühr von den Airlines eingefordert. Diese beläuft sich im Schnitt auf 12 USD pro Buchung. Sollte es zu einer Stornierung der Buchung kommen, werden dennoch 50% der Buchungsgebühr verrechnet.[18]

Um ein Vielfaches geringer fallen Kommissionen an Online Travel Agents und Metasuchmaschinen aus. Die Abfragegebühr die von den OTAs an die GDS-Betreiber bezahlt werden, belaufen sich nur auf Cent-Bruchstücke, dennoch kommt hier bei bis zu 16.000 Anfragen pro Sekunde und GDS, kein unerheblicher Betrag zustande.[19] [20]

2.2 Vertriebsplattformen und Systemteilnehmer

Wie in Abb. 1 zu sehen ist, sind mehrere Systemteilnehmer und Plattformen in eine Online-Flugbuchung involviert, diese werden nachfolgend näher beschrieben.

2.2.1 Meta-Suchmaschinen

Metasuchmaschinen übernehmen die Funktion einer übergeordneten Suche, daher auch das Wort „meta", aus dem Griechischen übersetzt „über". Es werden hier Anfragen in mehreren Suchmaschinen angestoßen und aggregiert. Da diese Suchmaschine die gleiche Anfrage an mehrere Suchmaschinen richtet, kommen oft auch gleiche Ergebnisse zurück. Diese sogenannten Doppel- oder Mehrfachnennungen werden abgeglichen und von der Suchmaschine aufbereitet, zusammengeführt und grafisch einheitlich dargestellt. Abhängig vom genutzten Algorithmus und den benutzerdefinierten Einstellungen des Benutzers generiert die Suchmaschine eine Ergebnisreihung, diese sollte der Abfrage entsprechend möglichst zielgenau dargestellt werden.[21] Im Bereich der Flugsuche ergibt sich hier eine durchschnittliche Genauigkeit von ca. 93%.[22]

---

[18] Vgl. Moutinho, 2011, S.268
[19] Vgl. Sabre Report, 2008
[20] Vgl. Jagerhofer, ehem. CEO Checkfelix, 2008
[21] Vgl. Levene, 2011, S. 168
[22] Vgl. Jankowfsky, ehem. CTO Swoodoo, 2009

Diese Abfragen gehen oft zu Lasten der dahinterliegenden Systeme, denn wie schon erwähnt, werden diese Systeme mehrfach mit gleichen Abfragen konfrontiert. So geschieht es, dass ein und dieselbe Abfrage mit nur einem Suchvorgang mindestens 80x durchgeführt wird.[23] Dies erfordert eine gewaltige Rechenleistung bei den dynamischen Prozessen in den GDS und in den Airline-Systemen.

Um hier Kosten zu sparen, aktualisieren Online Travel Agencies nicht immer in Echtzeit die Tarife aus den GDS, sondern speichern diese auf eigenen Datenbanken zwischen.[24] Ebenso aktualisieren die GDS selbst maximal vier Mal täglich ihre Tarife aus den Tarifdatenbanken und den internen Reservierungssystemen der Airlines.[25]

Die beschriebene Tarifaktualität ist einer der Hauptgründe von unterschiedlichen Bepreisungen bei gleichem Leistungsangebot. Preisunterschiede entstehen durch:

- Die sehr komplexen Tarifkalkulationen in den einzelnen GDS
- Die Tarifaktualität in den einzelnen Datenbanken
- Unterschiedliche Ticketanbieter: OTAs haben die Möglichkeit, je nach vertraglicher Vereinbarung mit den Airlines, ein gewisses Ticketkontingent zu einem frühen Zeitpunkt und zu vergünstigten Preisen zu kaufen. Die OTAs können somit selbst entscheiden, um welchen Preis die Tickets anschließend verkauft werden.
- Nicht von Anfang an publizierte Gebühren (z.B. Kreditkartengebühren) seitens der OTAs, die erst im Laufe der Buchung hinzukalkuliert werden.[26]

Hier gilt anzumerken, dass Betreiber von Meta-Suchmaschinen lediglich als Vermittler fungieren, es erfolgt in keiner Weise eine Buchung auf deren Seite, Buchungen können ausschließlich auf OTA-Plattformen oder direkt bei den Airlines getätigt werden, da nur diese einen direkten Zugriff auf Tarife und Vakanzen haben und eine Reservierung in den zuständigen Systemen auslösen können. Weiters sollte erwähnt werden, dass Meta-Suchmaschinen immer abhängig von der gelieferten Qualität der angebundenen OTAs und Airline-Websites sind. Lie-

---

[23] Vgl. Jagerhofer, ehem. CEO Checkfelix, 2008
[24] Vgl. Jankowfsky, ehem. CTO Swoodoo, 2009
[25] Vgl. Amadeus Trainingshandbuch, 2009
[26] Vgl. PhocusWright & Akamai Studie, 2010

fern diese Plattformen falsche, oder veraltete Suchergebnisse, fällt dies auf die Meta-Suchmaschinen zurück.[27]

Je nach Stärke der Kooperationen zu den Airlines oder den OTAs, kann eine Meta-Suchmaschine ein sehr mächtiges Tool sein. Dies haben sich einige OTAs und folglich auch alle GDS-Betreiber durch Beteiligungen und Übernahmen einiger dieser Suchmaschinen zu Nutze gemacht. Den GDS-Betreibern garantiert dies zum Teil auch im Bereich des E-Commerce eine essentielle Rolle zu spielen.[28]

Ein kritischer Aspekt bei einer Flugsuche mittels einer Metasuchmaschine betrifft die Tatsache, dass nicht immer die günstigsten Tarife angezeigt werden. Vielmehr ist es meist so, dass nur Tarife von Partnern gelistet werden, von denen die Meta-suchmaschinen auch Provision bekommen, was nicht heißen muss, dass diese auch wirklich den günstigsten Flug anbieten. Die Airlines sind sich mittlerweile der Macht der Metasuchmaschinen bewusst und gehen vermehrt Kooperationen mit diesen ein. Zu einem großen Teil auch deswegen, da dadurch die im Kapitel 2.1 geschilderten GDS-Gebühren und OTA-Kommission umgangen werden können.[29]

Ein weiterer Kritikpunkt der Metasuchmaschinen ist die fehlende Angabe von Zusatzinformationen, beispielsweise welche Art von Board-Entertainment vorhanden ist, ob integrierte Steckdosen in den Sitzen vorhanden sind, oder ob es ver-fügbares W-LAN an Board gibt. Erst nach Auswahl des Fluges und der Weiterlei-tung zur Airline-Website wird dies kommuniziert.[30]

2.2.2 Online Travel Agents

Die in der Abb. 1 gezeigten OTAs können direkt Flugreservierungen durchführen. OTAs sind Online-Reisebüros, in denen die Flugsuche nicht der Reisemittler durchführt, sondern diese Funktion der Endkonsument übernimmt. Alle Vorteile die ein stationärer Reisemittler aus Systemsicht hat, können so auch durch den Konsumenten genutzt werden. Die Anbindung der OTAs an ein GDS wird grund-sätzlich durch 2 Optionen ermöglicht:

---

[27] Vgl. Jankowfsky, ehem. CTO Swoodoo, 2009
[28] Vgl. Granados, 2008, S. 6-7
[29] Vgl. fvw, Nr. 10, 2012, S. 19
[30] Vgl. Harteveldt, IATA Report, 2012

- Anbindung per Internet Booking Engine (IBE):
  IBEs sind Standardlösungen, die von Drittanbietern bereitgestellt werden. Sie erlauben es den Kunden über den Browser nach Flügen zu suchen. Diese IBEs sind in der Regel mit einem oder mehreren GDS mittels einer API angebunden. Sie bieten jedoch kaum Personalisierungsmöglichkeiten für die OTAs. Fakt ist jedoch, dass derzeit alle große GDS Betreiber ihre eigene IBE bereitstellen, um so ein nahtloses Zusammenspiel mit den GDS zu realisieren.
- Direktanbindung durch eine von den GDS bereitgestellte API:
  Hier kann der OTA selbst über Oberfläche und Funktion der Buchungswebsite bestimmen. Anpassungen am Buchungsprozess sowie den Suchfunktionalitäten werden hier von den OTAs selbst übernommen.[31]

OTAs sind das Bindeglied zwischen den Metasuchmaschinen, den Airlines und den GDS, nicht verwunderlich gestaltet sich demnach die nachfolgend abgebildete Tabelle, welche zeigt, dass alle GDS-Betreiber an Online Travel Agencies beteiligt sind:

OTA:	Orbitz	Travelocity	Opodo	Expedia	Priceline
Beteiligte GDS:	Travelport	Sabre	Amadeus	-	-
Partnerschaft mit GDS:	-	-	-	Amadeus	Amadeus
Weitere Beteiligungen & Webauftritte:	Orbitz, Ebookers, Cheaptickets	Lastminute.com, Travelocity.com	Opodo.com	Hotels.com, Hotwire.com, Venere.com	Agoda.com, Booking.com, Kayak, Swoodoo, Checkfelix, …

Tabelle 1: Beteiligungen der GDS und OTAs [32]

Während einige der bekanntesten OTAs und Metasuchmaschinen besitzrechtlich an ein GDS gebunden sind, gibt es ebenso Online-Reiseanbieter, die nur eine partnerschaftliche Kooperation pflegen und somit unabhängig von den GDS agieren können. Der Umsatz der europäischen OTAs belief sich im Jahr 2012 auf 37% des Online-Reisemarktes. Aus einer Studie von PhocusWright geht hervor, dass

---

[31] Vgl. Lassnig, HMD 270, 2009
[32] Quelle: Webauftritte der jeweiligen Unternehmen

europäische Reisende nur ca. 5% einen Flug alleine buchen, rund 60% buchen Flug und Hotel.[33]

Dies lässt auch das aktuelle Geschäftsmodell von OTAs vermuten, diese nutzen sämtliche Cross- und Upselling Möglichkeiten. Sollte ein Reisender über eine Metasuchmaschine, oder direkt auf die OTA-Webseite gelangen, um dort einen Flug zu buchen, nutzen OTAs die Möglichkeiten den Kunden sogenannte Dynamic Packages anzubieten.[34] Dazu offeriert der OTA dem Reisendenden zu einem vergünstigten Preis, Hotel und Flug. Wählt man ein Hotel aus, wird einem die bessere Zimmerkategorie vorgeschlagen, wählt man vier Nächte aus, werden einem fünf Nächte zu einem günstigeren Preis vorgeschlagen.[35] [36]

2.2.3 Airline Website

Das Ziel eines Internetauftritts der Fluggesellschaften ist zum Großteil der direkte Vertrieb von Flugtickets. Die Webseite der Airline greift dabei mittels Schnittstelle auf das interne Reservierungssystem der Airlines zu. Dies hat seitens der Airlines den sehr großen Vorteil, dass mehrere Intermediäre ausgeschaltet werden und dadurch die gesamten Distributionskosten entfallen. Weiters ist es den Airlines durch die homogene Systemwelt möglich, zusätzliche Produktvariationen zu offerieren. Es können beispielsweise Essenswünsche, Platzwahl oder die Anzahl der Gepäckstücke angegeben werden und dem Kunden werden wichtige Informationen, wie beispielsweise eine W-LAN Verfügbarkeit an Board kommuniziert.[37]

2012 wurden ca. 35% der Tickets über diesen Vertriebsweg verkauft, 2017 sollen es bereits 59% sein. Es kann davon ausgegangen werden, dass dadurch vorwiegend den OTAs Marktanteile genommen werden.[38] Da Airline-Buchungswebseiten keine neutrale, anbieterübergreifende Tarifübersicht bieten können, scheinen zusätzliche Kooperationen mit Metasuchmaschinen-Anbieter durchaus essentiell für die Zukunft zu sein, denn die überwiegende Mehrheit der Reisenden neigt

---

[33] Quelle: PhocusWright & Amadeus Studie, 2012
[34] Vgl. Gunther, 2011, S.177
[35] Vgl. PhocusWright & Sabre Report, 2011
[36] Vgl. Rose, PhocusWright & OpenJaw Studie, 2011
[37] Vgl. Harteveldt, IATA Report, 2012
[38] Vgl. Harteveldt, IATA Report, 2012

dazu, vorher Preise von ca. 22 verschiedenen Webseiten und Suchmaschinen zu vergleichen.[39]

2.2.4 Airline Reservation System

Die Airlines selbst verfügen über eine interne Reservierungsdatenbank, die mit den GDS, den Tarif- und Flugplandatenbank, bzw. der Airline-Buchungswebsite kommuniziert. Diese Datenbank basiert in den meisten Fällen auf einer replizierten Datenbank, was insofern wichtig ist, da egal welche Daten an welchem Ort geändert wurden, diese weltweit automatisch auf alle anderen angeschlossenen Systeme repliziert werden.[40] Die Direktanbindung der internen Reservierungssysteme der Airlines an die GDS basiert in den meisten Fällen auf dem EDIFACT Standard, mit dem viele der Airlines schon Probleme haben, da durch die Anbindung zahlreicher anderer, neuerer Systeme, ein standardisierter und offener XML-Standard verwendet wird. In Einzelfällen führt dies sogar dazu, dass Airlines über keine direkte Anbindung an GDS verfügen und Tarife nur mehr in den Tarifdatenbanken aktualisiert werden. Bei den ständig auftretenden Änderungen und Aktualisierungen von Tarifen, werden diese in die Tarifdatenbanken eingespielt und es erfolgt mittels RSS-Feed eine Meldung an die GDS, diese entscheiden dann je nach Anzahl und Wichtigkeit der Tarifänderungen, zu welchem Zeitpunkt diese in die GDS-Datenbank eingespielt werden.[41]

2.2.5 Yield Management Systeme

Um den Zusammenhang zwischen der Distributions- und Preispolitik der Airlines zu verstehen, wird hier ein kurzer Einblick in das Yield Management der Airlines gegeben.

Das Yield Management spielt eine existentielle Rolle bei der Preiskalkulation und Preisdifferenzierung der Airlines. Als Yield Management bezeichnet man die Strategie aus einem definierten Leistungsangebot, den höchstmöglichen Ertrag zu schöpfen. Dies heißt im Konkreten für die Airline-Branche: Für jedes einzeln verfügbare Ticket soll der höchstmögliche Preis erzielt werden bei gleichzeitig voller

---

[39] Quelle: Google Studie, 2012
[40] Vgl. Laudon, 2006, S.342
[41] Vgl. Leopold, IATA director of passenger services, 2012

Auslastung der verfügbaren Tickets.[42] Die dahinter automatisierte Business-Logik ist sehr komplex und wird von den GDS durchgeführt bzw. unterstützt.[43] Durch die Vielzahl an Buchungsdaten lassen sich hier Buchungsschemata erkennen.

Grundsätzlich und sehr grob erklärt kann man sagen: Wenn Tickets schneller verkauft werden als erwartet, wird der Preis nach oben reguliert, sollten die Tickets langsamer verkauft werden, wird der Preis nach unten reguliert. Das Yield Management richtet sich aber nach mehreren Parametern, wie zum Beispiel der Schaffung von virtuellen Buchungsklassen, um Kontingente bestmöglich zu verteilen, oder geplante Überbuchungen von bis zu 15%. Letzteres wird begründet durch zahlreiche „No-Shows", also Fluggäste die zum gebuchten Flug einfach nicht erscheinen.[44] 2006 waren dies beispielsweise 4,7 Millionen Passagiere der Lufthansa.[45] Flugtickets sind gleichzusetzten mit verderblicher Ware, sobald das Flugzeug gestartet ist, verlieren Sitzplätze ihren vollen Wert, deshalb ist es für die Airlines wichtig jeden gewinnbringenden Distributionskanal zu nutzen, um eine höchstmögliche Ticketauslastung zu garantieren.

3 Global Distribution Systems

Die heutigen Global Distribution Systems entwickelten sich aus den, Mitte der 70er Jahre eingeführten, Reservierungssystemen der Airlines.[46] Durch den Zusammenschluss einiger dieser Systeme und durch erweiterte Dienstleistungen, wie die zusätzliche Bereitstellung von Hotel-, Bahn-, Fähren- und Leihwagentarifen wurde aus den einfachen Computerreservierungssystemen die heutigen GDS.[47] Durch zahlreiche Übernahmen, Konsolidierungen, Konzentrationen und Käufe untereinander gibt es nunmehr 3 relevante Anbieter von GDS: Travelport, Sabre und Amadeus.[48]

---

[42] Vgl. Sterzenbach, Conrady, 2003, S. 340 und S. 344
[43] Vgl. Schulz, 2010, S.146
[44] Quelle: Süddeutsch.de, 2012
[45] Quelle: Focus.de, 2007
[46] Vgl. Schulz, 2010, S. 266
[47] Vgl. Schulz, 2010, S. 270
[48] Quelle: Lassnig, HMD 270, 2009

3.1 Allgemein

Global Distribution Systems sind im Allgemeinen neutrale Plattformen. Obwohl sie zu ihren Anfangszeiten von den Fluggesellschaften entwickelt wurden, wurden sie Mitte der 90er Jahre von den Airlines verkauft und agieren nun grundsätzlich unabhängig von ihren früheren Besitzern. Die Plattform einer GDS Distribution ist unterteilt in Systemteilnehmer, Systembetreiber und Systemnutzer und ist anwendungstechnisch dual aufgebaut. Auf der einen Seite des Systembetreibers befinden sich die Leistungsanbieter, die ihre Produkte, also Tarife und Vakanzen, bereitstellen. Auf der anderen Seite befinden sich die Kunden, welche aber keinen direkten Zugriff auf Tarife haben, sondern nur indirekt über Intermediäre, wie Reisebüros oder OTAs. Diese geben schlussendlich die in den GDS bereitgestellten „Produkte" an die Endverbraucher weiter.[49]

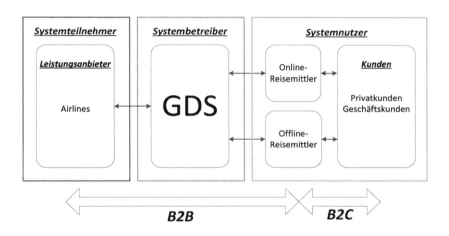

Abbildung 3: GDS-Systemwelt [50]

Der Distributionsweg zwischen Systemteilnehmer und den OTAs bzw. den Reisemittlern kann hier durchaus in den B2B Bereich eingeordnet werden, erst der Vertriebsweg zwischen den Reisemittlern und den Endkunden ist im B2C Bereich angesiedelt. Die Anbindung an die GDS aus Leistungsanbietersicht erfolgt als horizontale Integration, Systemnutzer sind vertikal integriert.

---

[49] Vgl. Schulz, 2010, S. 124
[50] Quelle: Inhaltlich modifiziert übernommen aus: Schulz, 2010, S. 264, Grafik selbst erstellt

Die Hauptfunktion, nämlich die Reservierung einer Leistung, hat sich in den letzten 30 Jahren in denen die Systeme aktiv waren nicht grundlegend geändert. Das System muss in Echtzeit eine Verfügbarkeitsabfrage durchführen, im Hintergrund eine Reservierung aufbauen und gegebenenfalls sofort eine Bestätigung ausgeben. Dabei wurden beispielsweise im Jahr 2008 1,1 Milliarden Transaktionen verarbeitet. Das Verarbeiten einer Transaktion heißt aber nicht nur, dass das System eine Reservierung durchführt und die Ticketausstellungen unterstützt, vielmehr muss es auch aus der Vielzahl an möglichen Flugsegmenten und Tarifoptionen den jeweils passenden Tarif kalkulieren.[51] [52]

Die Verwaltung der Ticketausstellung umfasst gleichzeitig die Replikation in jedes GDS, die nach internationalen Regelungen dazu verpflichtet sind, die Kapazitäten eines jeden Anbieters abzubilden.[53] Diese Kapazitäten und Verfügbarkeiten müssen möglichst tagesaktuell bereitgestellt werden, gleichzeitig muss aber sichergestellt sein, dass es nicht zu Doppelbuchungen kommt. Die GDS haben hier einen enormen Größenvorteil um diese Dienstleistung bereitzustellen.[54] Würden, wie im Kapitel 1 kurz angeschnitten, die Airlines nun ihre Tickets ausschließlich über ihre Buchungswebsite vertreiben, würde so eine vollkommene Disintermediation in der Distribution stattfinden und GDS sowie Reisemittler würden im Onlinevertrieb obsolet werden.[55]

Abbildung 4: Airline-Direktvertrieb [56]

---

[51] Quelle: PhocusWright Studie, 2010

[52] Vgl. Sterzenbach, 2003 S. 452

[53] Vgl. Koch, 2006, S. 139

[54] Vgl. Koch, 2006, S. 145

[55] Vgl. Laudon, 2006, S. 155

[56] Quelle: Grafik selbst erstellt

3.2 GDS Betreiber

Bis einschließlich 2006 gab es vier am Markt relevante GDS Systembetreiber: Amadeus, Galileo, Sabre und Worldspan. Im Jahr 2007 wurde Worldspan von Travelport, welcher das Galileo GDS betrieb, für 1,4 Mrd. USD gekauft. Seit 2007 gibt es daher nur mehr drei am Markt vertretene GDS-Betreiber: Amadeus, Sabre und Travelport.[57] Die eigentumsrechtlichen Gründungsairlines definieren gleichzeitig die heutig regionale Präsenz der Systeme.

GDS-Betreiber:	Amadeus	Sabre	Travelport
Zugehörige GDS-Systeme:	Amadeus	Sabre	Apollo, Galileo, Worldspan
Umsatz in Mio. (2008):	€ 2.861	$ 2.881	$ 2.527
Marktanteil (Stand 2010):	37%	28%	30%

Tabelle 2: GDS Betreiber und deren Marktanteile [58] [59]

3.2.1 Entwicklung

Die heute bekannten GDS sind eine Weiterentwicklung der internen Computer Reservierungssysteme (CRS) der Airlines. Um in den 60er und 70er Jahren der stetig steigenden Anzahl an Ticketreservierungen Herr zu werden, wurde von den American Airlines gemeinsam mit IBM das erste CRS entwickelt, genannt SABRE (Semi-automated Business Research Environment). Bevor diese computerunterstützte Variante der Ticketreservierung Einzug hielt, wurden alle Buchungen manuell per Hand durchgeführt. Die Beschreibung der CRS hat sich im Laufe der Jahre verändert und wird in Kapitel 3.3.7 näher geschildert.[60]

---

[57] Quelle: Lassnig, HMD 270, 2009
[58] Quelle: PhocusWright Studie, 2010
[59] Quelle: Amadeus Public Filing, 2010
[60] Vgl. Wei, 2005, S. 1

3.2.2 Heutige Präsenz

GDS Betreiber haben seit dem Wandel der Distribution in Richtung E-Commerce riesigen Nachholbedarf. Die monopolartige Stellung und Notwendigkeit für die Airlines entwickelt sich immer mehr zurück. Logische Reaktion der GDS Betreiber war es, verstärkt in den E-Commerce Markt zu investieren. Amadeus war eines der ersten GDS die selbst eine Onlinebuchungsplattform bereitstellten, Sabre folgte mit „lastminute.com". Aus GDS Sicht war dies sicher ein notwendiger Schritt, da mit steigendem Erfolg der eigenen Buchungsseiten und der damit verbundenen Nutzung des hauseigenen GDS wieder ein Lock-in Effekt für die Airlines entstehen lässt.[61]

Hinsichtlich der Plattform und dem historischen Hintergrund der GDS mussten dadurch Anpassungen im Front-End passieren, um die GDS Bedienung nutzer-freundlicher und effizienter zu gestalten. Große Probleme bereitet aber die Adap-tierung der Back-End Systeme, die nach wie vor auf Großrechnertechnologie basieren.[62] Um auf die laufenden technologischen Fortschritte zu reagieren, muss-ten, trotz Legacy-Technologie im Kern des Systems, neue Funktionalitäten inte-griert werden. Klarerweise ist dies immer mit einem beträchtlichen monetären Aufwand verbunden.

Durch das Vorantreiben alternativer Vertriebswege sind GDS-Betreiber gezwun-gen neue Business-Modelle zu entwickeln um weitere Standbeine neben der Distribution von Tarifdaten aufzubauen. Der GDS-Betreiber Amadeus hat 2006 sogar seine Strategie geändert und drei zukünftige Geschäftsfelder definiert, zusätzlich zu den Distributionslösungen.[63]

3.3 Komponenten, Datenformate und Technologien

Damit Tarife möglichst effektiv über die GDS vertrieben werden können, ist derzeit eine komplexe Systemwelt, bestehend aus verschiedenen Datenbanken, Kompo-nenten, Datenformaten und Zugriffslösungen notwendig. Diese werden hier be-schrieben, um nachfolgend im Kapitel 3.4 nahtlos an die Funktionsweise und den Datenaustausch bei der Buchung mittels eines GDS anschließen zu können.

---

[61] Vgl. Granados, 2008, S. 1, 6-7
[62] Vgl. Pease, 2007, S. 99
[63] Quelle: amadeus.com

3.3.1 Tarifdatenbanken

Airlines stellen ihre Tarife nicht nur in den Global Distribution Systems zur Verfügung, sondern ebenso in unabhängigen Tarifdatenbanken. Aus der historischen Entwicklung heraus, decken zwei Tarifdatenbanken die überwiegende Mehrheit an Tarifen ab. Diese sind ATPCO und SITA, wobei jede Datenbank für sich ca. 95% des gesamten zivilen Flugverkehrs verwaltet. Grundsätzlich ähnelt die geografische Präsenz hier der der GDS. Während ATPCO mehr im nordamerikanischen Raum verbreitet ist, wird die SITA-Datenbank eher im europäischen, asiatischen und afrikanischen Raum verwendet. Beide Unternehmen wurden von mehreren Airlines gegründet und befinden nach wie vor in deren Besitz. Zusätzlich gibt es noch eine alternative Tarifdatenbank von ITA und die IATA selbst stellt auch eine Datenbank zur Verfügung.[64] [65]

In der Realität entscheidet sich die Mehrheit an Airlines aber für nur eine Tarifdatenbank, ATPCO oder SITA, in Kombination mit einer der beiden zusätzlichen Datenbanken, da viele Airlines ohnehin über Direktanbindungen zu einem GDS verfügen, bzw. die GDS selbst einen Zugriff auf alle Tarifdatenbanken haben. Die Tarife werden dabei bis zu 4x täglich von den GDS abgerufen und in die eigene Datenbank eingespielt.[66] [67]

Theoretisch wäre es für Airlines möglich ihre Tarife überall hin zu distribuieren, dies stellt sich aber als sehr ineffizient heraus, da jeweils neue Schnittstellen notwendig wären, denn die Systemwelt in den internen Airline-Systemen stellt sich als sehr heterogen dar. Die Airlines können selbst entscheiden wie viele und welche Tarife distribuiert werden, sie können bewusst Kontingente zurückhalten und über die eigene Webseite oder alternativen Tarifdatenbanken wie die QPX-Datenbank der IATA vertreiben.

---

[64] Quelle: sita.aero

[65] Quelle: atpco.net

[66] Quelle: Amadeus Trainingshandbuch, 2009

[67] Vgl. May, tnooz.com, 2011

3.3.2 Flugplandatenbank

Unterstützend zu den Tarifdatenbanken gibt es auch eine Flugplandatenbank, genannt Official Airline Guide (OAG). Diese Datenbank enthält alle Flugeinzelheiten, wie zum Beispiel Start- und Landezeiten. Sie beinhaltet ebenso Flugnummern von ca. 1000 Airlines und Daten von über 4000 Flughäfen.[68] Die Datenbank speichert alle bereits durchgeführten Flüge sowie ca. 28 Mio. Flüge für ein Jahr im Voraus. Die Airlines übermitteln täglich mehr als 50.000 Flugplanänderungen an die Datenbank, die dort verarbeitet werden. Anschließend greifen die GDS auf die Daten der OAG-Datenbank zu, im schnellsten Fall erreichen die Daten aus der OAG-Datenbank die GDS nach 24 Stunden (tagesaktuell).[69]

3.3.3 Zugriffstechnologien

Durch die zeitlich sehr versetzte Entwicklung der verschiedenen GDS, basieren diese auf verschiedenen Zugriffsprinzipien, zu unterscheiden sind hier:

- Single Access Lösung: Das GDS stellt auf dessen zentraler Datenbank alle für die Buchung notwendigen Informationen der Airlines bereit, der Systemnutzer (z.B. OTA) kann diese dann abfragen.
- Multi Access Lösung: Die für die Buchung notwendigen Informationen sind hier nicht auf einer zentralen Datenbank der GDS, sondern sind dezentral in den Datenbanken der Leistungsanbieter gespeichert. Das GDS stellt in diesem Fall nur eine Verbindung zwischen den Systemteilnehmern und den Systemnutzern her.

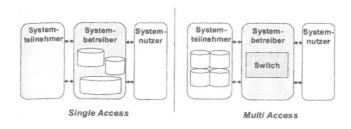

Abbildung 5: Single- und Multi-Access-Modell [70]

---

[68] Quelle: oag.com
[69] Quelle: Amadeus PR, 2012
[70] Quelle: Übernommen aus: Schulz, 2010, S. 271

Im Airline-Bereich basieren die GDS auf einer Single Access Lösung, Multi Access Lösungen sind eher bei europäischen, nationalen Systemteilnehmern verbreitet (Bahn, Reiseveranstalter,...).[71]

3.3.4 Transaction Processing Facility (TPF)

Der Datenaustausch in den GDS erfolgt mittels eines proprietären Dateiformates namens Transaction Processing Facility (TPF).

Das von IBM entwickelte Dateiformat wurde 1979 eingeführt und ist noch immer in abgeänderter Form in Verwendung. Das in Verbindung mit dem zugehörigen Echtzeitbetriebssystem verwendete Datenformat zeichnet sich durch seine Hochverfügbarkeit aus und ist deshalb im Banken- und im Airline-Sektor sehr verbreitet.[72] 2005 wurde das Betriebssystem aktualisiert und heißt nun zTPF. [73] Vorteile und Modernisierungen zum Vorgänger sind unter anderem die Verwendbarkeit von Webservices, SOA sowie eine 64-Bit Architektur, vorher musste das System mit einer 6-Bit Architektur auskommen. Trotz dieser Änderungen läuft das System nach wie vor auf Großrechnern.[74]

Anzumerken ist hier, dass bereits verbesserte Systeme verfügbar sind, die auf offene Standards und auf UNIX-Basis setzen, Hewlett Packard beispielsweise, mit dem Nonstop System. Dieses System ersetzt proprietäre Dateiformate und Großrechner durch ein offenes System. Es ist dadurch skalierbar und externe Dienstleister sind leichter integrierbar. Trotz der genannten Vorteile gibt es erst einen GDS Anbieter (Sabre), der den Umstieg wagte.[75] Gründe dafür sind die hohen Initialkosten, sowie die Frage nach der Notwendigkeit, ein einwandfrei funktionierendes System zu ersetzten.

Die Direktanbindung der Airlines an die GDS basiert in den meisten Fällen auf dem EDIFACT Standard, was bei Erneuerungen der Systeme seitens der Airlines oft zu Problemen führt, da diese auf XML-Basis arbeiten. American Airlines geht sogar so weit, dass eine Direktanbindung an das GDS nur mehr mit einem XML Standard möglich ist.[76]

---

[71] Vgl. Schulz, 2010, S. 271
[72] Quelle: IBM
[73] Vgl. Shacklett, z/Journal, 2010
[74] Vgl. Pease, 2007, S. 80
[75] Quelle: Sabre.com
[76] Vgl. McDonald, atwonline.com, 2012

3.3.5 Passenger Name Record (PNR)

Als Passenger Name Record wird ein Datensatz bezeichnet, der alle wichtigen personenbezogenen Daten eines Reisenden beinhaltet. Der PNR basiert auf folgender Struktur:

- Kopfteil:
  Hier befinden sich Informationen wie die Identifikationsnummer oder der Primärschlüssel, um einen PNR einer Person eindeutig zuordnen zu können.

- Leistungsteil:
  Der Leistungsteil beinhaltet die definierte Leistung der Buchung (Flug, Hotel,...)

- Informationsteil:
  Im Informationsteil werden zusätzliche Informationen von Reisenden gespeichert, wie Sonderwünsche oder Sitzplatzreservierungen. Diese müssen aber manuell vom Reisemittler eingegeben werden.

```
                --- TST ---
Kopfteil        RP/FRALH0982/FRALH0982    20JUL08      AZFEEV
                  1.SCHLOSS/ANNETTE MRS
                  2 LH 369 C 29NOV 2 NUEFRA HK1 1435 1525
                  3 LH 730 C 29NOV 2 FRAHKG HK1 1700 1055+1
Leistungs-        4 BA 179 C 11DEZ 3 HKGLHR HK1 2310 0600+1
   teil           5 BA 388 C 12DEZ 3 LHRNUE HK1 0705 0805
                  6 HHL ST SS1 HKG IN30NOV OUT11DEZ
                    1E1K USD139.00 STO OAKBROOK HOTEL
                  7 CCR ZT SS1 HKG 30NOV 11JAN ECAR/
                  8 AP 069/696-90000
Informations-     9 TK OK 01AUG/FRALH0499
    teil         10 SSR NSST LH HK1 FRAHKG/24A,P1/S3
                 11 SSR VGML LH S3
                 12 OSI LH ELDERLY LADY
```

Abbildung 6: Aufbau Passenger Name Record [77]

Der PNR verfügt außerdem über eine Historie, in der alle geänderten Informationen eindeutig nachvollziehbar dargestellt werden. Seit der Einführung des elektronischen Tickets, sind auch diese Ticketinformationen abgespeichert und jederzeit abrufbar.[78]

---

[77] Quelle: Übernommen aus Schulz, 2010, S. 275
[78] Vgl. Schulz, 2010, S. 275

3.3.6 ARC und BSP

Die Airline Reporting Corporation (ARC), sowie der Billing and Settlement Plan (BSP) sind ein wesentlicher Bestandteil der Flugticket-Distribution. Die ARC, welche im nordamerikanischen Raum verbreitet ist, sowie BSP, welcher international agiert und von der IATA bereitgestellt wird, arbeiten eng zusammen und sind für die Ver- und Abrechnung der Tickets, sowie der Bereitstellung von Ticketdaten zuständig. Damit Reisemittler und OTAs nicht jede Transaktion einzeln an die Airlines übermitteln müssen, werden von der IATA verifizierte Reisemittler an das ARC- oder BSP-System angeschlossen, welche die Ticketverwaltung und Verrechnung automatisch und kumuliert abwickeln.[79] [80]

3.3.7 CRS

Die heutige Leistungsbeschreibung eines CRS hat sich, verglichen mit den Reservierungssystemen die in den 1970er Jahren eingeführt wurden, grundlegend geändert. Computerreservierungssysteme sind heute das Bindeglied zwischen Reisemittler und GDS. Damit Daten in einem GDS verändert und bearbeitet werden können, muss ein CRS vorgeschaltet werden. Dieses CRS wird üblicherweise von den GDS-Betreibern bereitgestellt und können von den Reisemittlern geringfügig, den eigenen Wünschen entsprechend, abgeändert und adaptiert werden. Um also in einem GDS überhaupt buchbar zu sein, wird seitens der Systemteilnehmer ein CRS benötigt.[81]

3.3.8 ODD-Switch (Exkurs)

Wie im Kapitel 3 beschrieben, machen nicht nur Airlines von der weltweiten Ubiquität der GDS Gebrauch, sondern auch andere Reisedistributoren, wie z.B.: Hotels und Autovermieter. Ein ODD-Switch kommt grundsätzlich nur bei Anbindung eines Hotels an das GDS zum Einsatz. Da Hotels sehr unterschiedliche und weit gefächerte IT-Strukturen und Ausprägungen haben, garantiert ein ODD Switch in Verbindung mit den im Kapitel 3.3.7 beschriebenen CRS die einwandfreie Kommunikation mit einem GDS. Er dient als Nachrichtenkonverter und stellt sicher, dass Daten aus deren CRS, GDS-lesbar gemacht werden und umgekehrt.

---

[79] Quelle: arccorp.com
[80] Vgl. Gunther, 2011, S.169
[81] Vgl. Spaltenholz Studie, 2011, S. 20

Erst dieser Switch macht Hotels überhaupt weltweit buchbar. Ohne das Distributions-Netzwerk der GDS wäre es sonst für viele Hotels unvorstellbar weltweit aufzutreten.

Seit der Übernahme von Wizcom im Jahr 2007 durch Pegasus Solutions, hat dieses Unternehmen ein Monopol auf die Anbindung von mittlerweile ca. 100.000 GDS-buchbare Hotels weltweit.[82]

3.4 Funktionsweise und Datenaustausch

Die Reservierung in einem GDS startet mit einer Abfrage seitens der Systemnutzer. Mittels eines im Kapitel 2 beschriebenen Buchungsweges durchsucht der Systemnutzer die GDS-Datenbank Aktuelle Tarife, Vakanzen und Buchungsregeln werden abgefragt und die Business Intelligence (BI) des GDS kalkuliert den optimalen Tarif.

Diese Daten lädt das GDS aus den im Kapitel 3.3.1 beschriebenen Tarifdatenbanken, je nach vertraglichen Vereinbarungen lädt das GDS auch Daten direkt aus dem im Kapitel 2.2.4 beschriebenen internen Reservierungssystem der Airlines.

Gleichzeitig erhält das GDS, bei Aktualisierungen der Daten im internen Reservierungssystem der Airlines, oder in den Tarif- oder Flugplandatenbanken, einen RSS-Feed mit den aktuellen Änderungen.[83] Die GDS-Betreiber können selbst entscheiden wann die aktuellen Daten dann in der eigenen Datenbank aktualisiert werden. Dabei werden einmal täglich aktuelle Fluginformationen aus der OAG-Datenbank geladen.

Der Datenaustausch erfolgt hier mittels des im Kapitel 3.3.4 beschriebenen Transaction Processing Facility (TPF).

---

[82] Quelle: Pegasus Solutions
[83] Vgl. Leopold, IATA director of passenger services, 2012

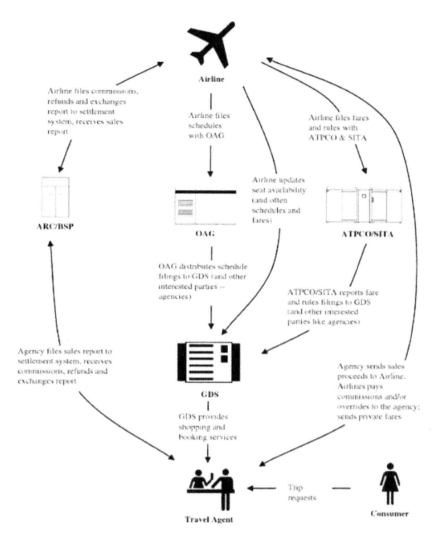

Abbildung 7: Airline/GDS Distributionsprozess [84]

Bei der Auswahl des gewünschten Fluges durch den Reisemittler oder dem Kunden selbst, wird eine Reservierung im GDS aufgebaut. Weiters ändert das GDS automatisch den Verfügbarkeitsstatus um eine Doppelbuchung zu vermeiden.[85] Sobald die Eingabe der persönlichen Daten abgeschlossen ist, wird ein Reservie-

---

[84] Vgl. Gunther, 2011, S. 167
[85] Vgl. Koch, 2006, S. 139

rungscode generiert und ein im Kapitel 3.3.5 beschriebener PNR wird angelegt. Nachdem dieser von den Airlines rückgeprüft wurde und die Reservierung noch als bestätigt gilt, kann ein elektronisches Ticket ausgestellt und die Kreditkarte belastet werden. Nach erfolgreicher Bezahlung werden mittels des im Kapitel 3.3.6 beschriebenen ARC/BSP Systems, die für den Check-in erforderlichen Ticket- und Bezahlungsdaten sofort an den Leistungsanbieter weitergeben.

Der Leistungsanbieter hat ab diesem Zeitpunkt die Möglichkeit den PNR zu ändern, oder weitere Zusatzinformationen, wie Extrawünsche oder Servicelevels hinzuzufügen.[86]

3.5 Nachteile der GDS

GDS Systeme sind bedingt durch ihre frühzeitige Entstehung, einer Reihe von Nachteilen ausgesetzt, die zum Zeitpunkt der Entstehung natürlich noch nicht bekannt sein konnten.

- Schwache Interoperabilität:
  Durch die Verwendung von proprietären Formaten (TPF) ist eine Anbindung von externen Dienstleistern schwierig und macht das gesamte System sehr träge und unflexibel.[87]

- Integration von Dienstleistern:
  Da in GDS nicht nur Flüge, sondern auch Hotels und Autovermieter buchbar sind, ergibt sich daraus eine erhöhte Komplexität. Die Systeme können aus technischer Sicht keine Gesamtreise anlegen, jede Buchung wird einzeln behandelt, auch wenn diese zu einer Gesamtreise gehören. Dies hat den Nachteil, dass oft für dieselbe Person verschiedene PNRs mit unterschiedlichen Inhalten angelegt werden.[88]

- Überdurchschnittlich hohe Distributionskosten:
  GDS sind teuer – und zwar für jeden der sie nutzt: Ob Airlines, OTAs, Switches, Hotels oder klassische Reisebüros, die GDS verlangen von jedem Systemnutzer und Systemteilnehmer Buchungs-, Nutzungs- und Lizenzge-

---

[86] Vgl. Schulz, 1996, S. 47
[87] Vgl. Granados, 2008, S. 7
[88] Vgl. Granados, 2008, S. 7

bühren. Bei erfolgreichen Buchungen sind das, rein auf Flugbuchungen bezogen, 12-17 USD pro Buchung bei stetiger Erhöhung der Gebühren. Bei Buchungen von Hotels liegt die Gebühr zwischen 8 und 23 USD pro Buchung.[89]

4 Alternative Reservierungssysteme und Direktbuchung

In diesem Kapitel werden vier sehr unterschiedliche Lösungen der alternativen Flugbuchung beleuchtet. Diese umfassen die Direktbuchung über die Airline-Buchungswebsite, GNE-Lösungen der Unternehmen Farelogix und Google/ITA, sowie ein Distributionskonzept der IATA.

Wie im vorherigen Kapitel schon aufgeschlüsselt, gestaltet sich der Vertrieb von Flugtarifen als sehr komplex und kostenintensiv, was Großteils an der historischen Entwicklung der GDS und der damit verbundenen Datenbanken liegt. Ebenso schwierig ist es, ein solches System zu ersetzten, zumal hier Eingriffe in jede Systemebene stattfinden müssten und eine Vielzahl an Systemteilnehmern betroffen wäre.

Die im Kapitel 4.2 beschriebene GNE Unternehmen wie Google/ITA und Farelogix versuchen zum Teil ihre Lösungen mit der schon existierenden GDS-Systemwelt zu verbinden, um so Wechselbarrieren der Systemteilnehmer und Systemnutzer zu beseitigen. Die IATA geht einen vollkommen neuen Weg mit ihrer NDC Lösung, welche die Abschaffung von proprietären Datenformaten und Ablagesystemen beinhaltet, sowie den Fokus auf kundenorientierte und maßgeschneiderte Angebote lenken will. Dies würde die gesamte Branche revolutionieren.[90]

4.1 Direktbuchung

Laut einer SITA Studie aus dem Jahr 2010 wird sich die Flugsuche und Flugbuchung mehr und mehr ins Internet verlagern. Der Studie nach werden schon 2013 knapp 38% über Airline-Websites buchen und lediglich 41,4% (2011 waren es noch 51,2%) über die GDS. Ein weiterer Meilenstein entwickelt sich im Bereich der Buchung mittels Smartphone: 70% der führenden 200 Airlines werden 2013 eine Buchung, bzw. einen Check-In mittels Smartphone realisieren. Der größte Innova-

---

[89] Vgl. Harteveldt, Forrester-Studie, 2002
[90] Vgl. IATA Resolution 787, 2012

tionstreiber ist hier die stark forcierte Kostenreduktion im Servicebereich jeder Airline, je mehr Passagiere diese Services selbst in die Hand nehmen, desto höher sind die Personal- und Kosteneinsparung.[91] [92]

Anhand der im Kapitel 3.1 beschriebenen Vertriebskanäle, sollte man die Annahme treffen, dass durch den Entfall von gleich 2 Intermediären ein erhöhter Preisvorteil bei Direktbuchungen besteht. Dies ist nicht immer der Fall und zwar aus folgendem Grund: OTAs kaufen für Flugstrecken ein gewissen Pensum an Flügen. Wie in Kapitel 2.2.5 beschrieben, haben Airlines ein sehr ausgeklügeltes Yield-Management, das grundsätzlich versucht aus einer verfügbaren Menge von Flügen den für die Airline bestmöglichen Preis zu erzielen, bei gleichzeitig hundertprozentiger Auslastung. Damit diese eine möglichst große Gesamtheit an potentiellen Reisenden erreichen, können OTAs aus günstigen Tarifklassen eine große Menge an Tickets kaufen, diese Tarifklasse ist somit bei den Airlines vollgebucht und die nächsthöhere Tarifklasse wird angeboten. Die OTAs können nun diese Tickets, resultierend aus dem günstigeren Kaufpreis, auch günstiger vertreiben. Wie im Kapitel 3.3.1 kurz angeschnitten ist es natürlich auch möglich, dass die Airlines gewisse Kontingente zurückhalten und für OTAs nicht buchbar machen. OTAs gehen mit dem frühzeitigen Ticketkauf ein gewisses Risiko ein, wenn beispielsweise die gekaufte Menge an Tickets nicht abgesetzt wird, kann es zu Dumpingpreisen kommen.[93]

Vorteile bietet, bei Direktbuchung mittels Airlines, die Preistransparenz: Airlines sind verpflichtet den Gesamtpreis eines Fluges bekanntzugeben und aufzuschlüsseln, OTAs müssen dies nicht, was oft dazu führt, dass kurz vor Abschluss der Buchung mittels OTA noch Service- oder Kreditkartenpauschalen in nicht unerheblicher Höhe verlangt werden.[94] Die Listung in den Metasuchmaschinen unterstützt den Direktvertrieb der Airlines erheblich, ein zusätzlicher Vorteil dabei ist die Kosteneinsparung im Marketingbereich, die CPO-Kosten von Metasuchmaschinen liegen beispielsweise um den Faktor 2,5 unter denen eines Standardsuchanbieters, wie z.B. Google.[95]

---

[91] Quelle: SITA Survey, 2010

[92] Vgl. Harteveldt, Forrester Research Report, 2011

[93] Vgl. Koo, 2011, S. 69-74

[94] Vgl. PhocusWright & Akamai Studie, 2010

[95] Vgl. Jankowfsky, ehem. CTO Swoodoo, 2009

4.2 Global New Entrants

Global New Entrants (GNEs) bieten den Fluglinien neue Technologien um die Distributionskosten um ein Vielfaches zu senken. Durchschnittlich werden pro erfolgreich abgeschlossene Buchung mittels einer GNE-Lösung 75% der bisherigen Distributionskosten gespart.[96] Der große Preisunterschied zur GDS-Distribution lässt sich nur schwer erklären. Ein wesentlicher Unterschied ist jedoch die Systemwelt: Während GNEs hier auf Standardbetriebssysteme wie Windows und Linux setzen, verwenden die GDS nach wie vor die schon in den 70er Jahren eingesetzten Großrechner. Diese bieten zwar eine erhöhte Sicherheit bei Buchungen und eine quasi unerschöpfliche Performance, aber im Gegenzug verursachen sie eine Kostenexplosion durch die notwendige Verwendung von Switches, sowie der Betreibung, Wartung, Servicierung und Erweiterung des Systems.

Der Markt der erfolgreichen GNEs ist sehr überschaubar, die hohe Marktakzeptanz der GDS, sowie deren finanzielle Überlegenheit, schränkt die Präsenz der GNEs stark ein. Zahlreiche potentielle Lösungen wurden in der Prototyp-Phase wieder eingestellt, oder von GDS-Betreibern aufgekauft.[97] Lediglich zwei nennenswerte Kandidaten konkurrieren technisch gesehen zumindest teilweise mit den GDS: Google/ITA und Farelogix.

4.2.1 Google/ITA

Der am MIT entwickelte SaaS Anbieter ITA entwickelt Lösung für Fluggesellschaften und wurde 2010 von Google aufgekauft.[98] ITA stellt mit der QPX-Datenbank eine Lösung zur Verfügung die auf offenen XML-Standards basiert und eine einfache Anbindung externer Dienstleister ermöglicht.[99] Die ITA-Lösung dient als Erweiterung und Ergänzung des Direktvertriebs der Airlines.[100] Mittels XML-Anbindung werden von den Airlines auf der QPX-Datenbank Tarifinformationen bereitgestellt, auf diese dann von angeschlossene Reisemittler und externe Dienstleister zugegriffen werden kann.

---

[96] Vgl. Moutinho, 2011, S.268

[97] Vgl: McDonald, travelmarketreport.com, 2010

[98] Quelle: ITA Pressetext in Businesswire.com, 2008

[99] Quelle: Google/ITA

[100] Quelle: ITA Pressetext in Businesswire.com, 2008

Abbildung 8: Google/ITA Schema [101]

Seit der Übernahme von ITA und deren Tarifdatenbank, hat Google stetig an der
Weiterentwicklung und an der Akquise von Partnern gearbeitet und schließlich ein
Tool zur Flugsuche bereitgestellt.[102]

Der im Dezember 2012 neu gelaunchte Service „Flight-Explorer" von Google nutzt
diese Schnittstelle und verbindet die schon bekannte Standardsuche mit der auf
der ITA-Technologie basierenden Flugsuche. Das Tool befindet sich seit Dezember 2012 nicht mehr in der Entwicklungsphase, spielt aber dennoch vorerst in den
USA ein Rolle, da in der ITA-Datenbank nur eine gewisse Anzahl an Airlines
vertreten sind. Diese Airlines können sich so mittels Direktanbindung über die
QPX-Datenbank mit Google verbinden, im Gegenzug wird für jede erfolgreiche
Buchung eine geringe Provision erhoben.[103]

---

[101] Quelle: ITA
[102] Quelle: Google
[103] Quelle: Google

Abbildung 9: Flugabfrage mit Google Flight Explorer [104]

4.2.2 Farelogix

Das im Jahr 1998 gegründete Unternehmen Farelogix entwickelte sich unter dem CEO James K. Davidson, ehemaliger CEO des GDS Amadeus, zu einem führenden Anbieter in der Airline-Distribution.[105] [106]

Farelogix nutzt für den Kern seines Systems wie Google/ITA, offene XML-Standards.

---

[104] Quelle: https://www.google.com/flights/explorer/
[105] Quelle: Farelogix
[106] Quelle: Farelogix

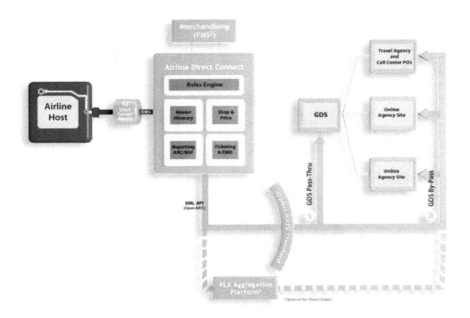

Abbildung 10: Farelogix Funktionsweise [107]

Die FLX-Plattform nutzt grundsätzlich drei Ansätze um Tarife zu distribuieren:

- Direkte Anbindung an den Leistungsanbieter (Airline)
- „Scraping" von Internet Websites
- Multi-GDS: Anbindung an die GDS von Amadeus, Sabre und Travelport

Diese Tarife werden im Fare Management System (FMS) zusammengefasst, die der Distribution Manager (DM) analysiert und die günstigste Flugkombination errechnet. Laut Farelogix lassen sich dadurch 75-80% der Distributionskosten einsparen.[108] [109]

Trotzdem sollte angemerkt werden, dass Farelogix nicht das gesamte Leistungsspektrum eines GDS bieten kann.

---

[107] Quelle: Farelogix
[108] Vgl. Pease, 2007, S. 103
[109] Quelle: Farelogix

4.3 New Distribution Capability

Die Internationale Flug-Transport-Vereinigung (IATA) fördert die Zusammenarbeit von derzeit 242 Fluggesellschaften, die gemeinsam über 84% aller weltweit durchgeführten Flüge abdecken.[110] Die IATA entschloss sich, durch die ständig aufkeimenden Unstimmigkeiten zwischen Airlines und GDS-Betreibern einen eigenen, einheitlichen, unabhängigen und offenen Standard der Datenübertragung auf XML-Basis zu entwickeln. Diese Technologie wird in der IATA-Resolution 787 beschrieben.[111]

4.3.1 IATA NDC

Airlines können sich mit den derzeitigen Vertriebsmodellen lediglich über den Preis differenzieren, dies soll sich mit der IATA Lösung ändern. Die New Distribution Capability verfolgt den Ansatz einer Direktanbindung der Airlines an eine API, welche eine erweiterte Darstellungsmöglichkeit der Airline-Produkte ermöglicht. Die IATA richtet sich hier nach derselben API die auch schon von Low Cost Carriern (LCC) verwendet wird. Durch die verbesserte Struktur, ist es dadurch möglich aus Reisemittler-Seite mehr Airlines anzubieten, weiters würde dies ein weitaus kundenfreundlicheres Spektrum ermöglichen. Es könnten dadurch maßgeschneiderte Angebote offeriert werden, oder umfangreichere Angebote wie Sitzplatz- oder Menüauswahl gewählt werden, was bisher nur mittels Direktbuchung über die Airline-Website möglich war.[112]

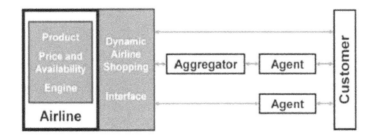

Abbildung 11: IATA Tarifdistribution [113]

[110] Quelle: IATA.org
[111] Vgl. IATA Resolution 787, 2012
[112] Vgl. Leopold, IATA director of passenger services, 2012
[113] Vgl. McDonald, travelmarketreport.com, 2012

Das Ziel der IATA ist hier nicht eine Bypass-Lösung für GDS, sondern sogar eine Einbindung dieser. Mittels der LCC-API soll dies keinen erhöhten Aufwand für die GDS-Betreiber bedeuten, zumal diese vereinzelt schon LCC an ihr System angebunden haben. Weiters sollte mit dieser Lösung möglich sein, die Tarif- und Flugplandaten direkt von den Airlines abzurufen und nicht über die veralteten Ablagesysteme von OAG oder APCO/SITA. Derzeit befindet sich die IATA Lösung in der Prototyp-Phase, der erste öffentliche Probelauf erfolgt im Jahr 2013, eine weltweite Einführung sollte 2016 erfolgen.[114]

4.4 Vergleich der Alternativlösungen

Grundsätzlich bieten alle vorgestellten Alternativlösungen den Airlines eine Kostenersparnis, da in jeder Lösung die Reduzierung der GDS-Nutzung im Vordergrund steht. Trotzdem bieten alle Anbieter unterschiedliche Ansätze um dies zu ermöglichen.

4.4.1 Direktbuchung

Die Direktbuchung, ist im eigentlichen Sinn keine technische Alternativlösung, bietet aber dennoch als alternativer Vertriebsweg enorme Vorteile. Unabhängig von allen Systemen und Datenbanken können Airlines direkt an den Endkunden ihre maßgeschneiderten Produkte vertreiben. Ein großer Nachteil ist jedoch die fehlende Preistransparenz, ist man erst auf einer Buchungswebseite angelangt, fehlen jegliche Möglichkeit die Produkte des Mitbewerbs zu vergleich.

4.4.2 Google/ITA

Mit dem Kauf von ITA und deren Tarifdatenbank mischt Google nun in der Reisebranche mit. Google mogelt sich hier geschickt an den OTAs vorbei, die oft von dem Suchgiganten abhängig sind, denn die Mehrheit des Datentraffics der auf eine OTA-Webseite kommt, stammt nun mal von Google. Dies wirft die Frage auf, wie Google hier mit der Suchergebnisreihung umgehen wird, zum einen sollten die eigenen Flugergebnisse vorgereiht werden, zum anderen verdient Google Geld damit, Links der OTA-Webseiten in den bezahlten Anzeigen darzustellen.[115]

---

[114] Vgl. IATA NDC Information & Roadmap, 2012
[115] Vgl. PhocusWright & Sabre Report, 2011

4.4.3 Farelogix

In der Lösung von Farelogix ist eine starke Abhängigkeit zu den GDS zu erkennen, Farelogix durchsucht zwar die GDS-Datenbanken nach Tarifen, die Buchung erfolgt dann aber direkt. Würden also die GDS in diesem Distributionsschema wegfallen, ständen nur mehr beschränkte Tarifinformationen zur Verfügung.

4.4.4 NDC/IATA

Die IATA versucht hier sehr geschickt mit ihrer Lösung, das Zepter der Preisbestimmung wieder zurück an die Airlines zu geben, bei gleichzeitiger Besänftigung der GDS-Betreiber, denn dieses System könnte durchaus ohne der Einbindung der GDS funktionieren.[116] [117] Würde sich die NDC-Lösung tatsächlich durchsetzen, würden auch Global-Player in anderen Bereichen, wie z.B. Google oder Apple, dank der offenen Standards und deren technologischen Fortschritt, kaum mehr eine Einstiegsbarriere haben. Momentan ist dies der einzige Grund, warum diese Unternehmen noch nicht in die Flugbranche eingestiegen sind.[118]

Es würde aber auch bedeuten, dass es keine Möglichkeit des Preisvergleiches mehr gibt. Die Airline kann demnach entscheiden, nachdem sich ein Kunde eingeloggt oder identifiziert hat, welchen Preis er zu zahlen hat. Dies würde das Einkaufsverhalten grundlegend zu dem Jetzigen ändern. Es ergäbe sich zwar ein weites Spektrum an maßgeschneiderten Angeboten, die die Airlines dem Reisenden offerieren könnten, aber man würde den Wunsch vieler Kunden, nämlich die Nutzung von unabhängigen Preisvergleichen, verwehren.

4.4.5 Tabellarischer Vergleich

Nachfolgend werden tabellarisch anhand einiger Kriterien die einzelnen Alternativlösungen miteinander verglichen. Der Vollständigkeit halber wurde die OTA/GDS Kombination, bzw. die Kombination aus Meta-Suchmaschine und Direktbuchung in die Tabelle mit aufgenommen.

---

[116] Vgl. McDonald, atwonline.com, 2012
[117] Vgl. Georg Jegminat, fvw, 2012
[118] Vgl. Davidson, CEO Farelogix, 2012

	Direkt	Meta-SE/Direkt	Google/ITA	Farelogix	IATA/NDC	OTA/GDS
GDS-Unabhängigkeit	x	x	x		x	
Maßgeschneiderte Angebotsofferte	x	x	x	x	x	
Preistransparenz		x	x	x		x
Datenbankunabhängigkeit	x	x			x	
Systemunabhängigkeit	x	x				
Up- und Cross-Selling-Möglichkeit	x	x	x	x	x	
Produktdifferenzierung	x				x	

Tabelle 3: Vergleich bestehender Online-Distributionslösungen

4.4.6 Schlussfolgerung

Im direkten Vergleich ist zu erkennen, dass viele der Lösungen von externen Datenbanken und Systemen abhängig sind, was natürlich immer mit einem erhöhten Kostenfaktor einhergeht. Auch sind der direkte Kanal und die NDC-Lösung die einzigen Möglichkeiten für Airlines, um Produktdifferenzierungen anzubieten, über alle übrigen Kanäle können sich Airlines lediglich über den Preis differenzieren.

Betrachtet man die Spalten der Direktbuchung und die der Kombination „Meta-Suchmaschine/Direktbuchung", erkennt man, dass diese gemeinsam alle Kriterien erfüllen würden. Trotzdem ergeben sich hier einige Probleme: Zum einen müssten Metasuchmaschinen erweiterte Kategorien integrieren, um die Produkte der Airlines durch die Darstellung mehrerer Parameter differenzieren zu können und zum anderen gestaltet es sich als schwierig die internen Reservierungssysteme von über 550 Airlines, welche alle mehr oder weniger auf unterschiedlichen technischen Standards beruhen, an eine Meta-Suchmaschine anzubinden. Des Weiteren würde dadurch die Existenz der OTAs bedroht werden und wie in Tabelle 1 gezeigt, sind die bekanntesten Meta-Suchmaschinen im Besitz eben dieser. Eine Kannibalisierung des eigenen Unternehmens wäre die Folge.[119]

---

[119] Vgl. Granados, 2008, S. 6-7

5 Weitere Lösungsansätze

Währen Airlines auf der einen Seite versuchen ihre Produkte so gewinnbringend wie möglich mittels Up-Selling, zusätzlichen Kunden-Incentives wie Essensauswahl etc. zu offerieren, müssen sie andererseits die Tarife über einen Distributionsdschungel aus Tarifdatenbanken, Distributionssystemen, Online Travel Agents und Metasearchern offerieren, in denen ihre „Produkte" nicht differenzierbar sind, außer anhand der Reisezeit und dem Preis. Es entpuppt sich demnach als schwierig, hier die klassischen Werkzeuge des Marketings anzuwenden. Die einzige Möglichkeit für Airlines, sich vom Mitbewerb zu differenzieren, besteht mittels des Offerierens über die eigene Buchungswebseite.

Der Idealfall sollte also ein Distributionskanal für Airlines sein, der es ermöglicht, den Airlines maßgeschneiderte, kundenorientierte Flüge zu offerieren, wie es viele größere Onlineshops, wie z.B. Amazon, im klassischen E-Commerce vorexerzieren.[120] Bis zu diesem Punkt erfüllt die IATA diese Anforderungen mit ihrer New Distribution Capability Lösung. Gleichzeitig sollte aber ebenso, die vom Kunden so beliebte Möglichkeit des Preisvergleiches bestehen bleiben, immerhin erkundigt sich der typische Passagier vorher auf 22 Webseiten, bevor eine Buchung von Statten geht.[121] Somit müssten Airlines, um so kundenorientiert wie möglich agieren zu können, eine Lösung bieten, die zwar maßgeschneiderte Angebote offerieren, gleichzeitig aber auch einen Vergleich mit dem Mitbewerb ermöglicht.

Nachfolgend wird nun versucht, anhand der im letzten Kapitel gewonnenen Erkenntnisse und auf Basis der genannten Alternativlösungen, ein Konzept einer langfristigen Lösung, sowie eine kurzfristige Lösung zur Ersetzung eines GDS im Online-Flugbuchungsprozess darzustellen.

5.1 Langfristiger Lösungsansatz

Dieser Lösungsansatz basiert technisch auf der im Kapitel 4.4.4 vorgestellten NDC-Lösung der IATA. Eine zentrale API als Schnittstelle zwischen Airlines und Marktteilnehmern sollte den Kern der Lösung bilden. Diese ermöglicht es Marktteilnehmern wie OTAs, Meta-Suchmaschinenanbietern, sowie anderen Suchmaschinen, auf die bereitgestellten Daten der Airlines zuzugreifen. Im Gegensatz zur

---

[120] Vgl. Leopold, IATA director of passenger services, 2012
[121] Quelle: Google Studie, 2012

IATA/NDC Lösung, bietet dieser Lösungsansatz einen Vergleich der verschiedenen Angebote der Airlines. Sie können mittels ihrer eigenen Business Intelligence die optimalen Tarife errechnen, sowie gewünschte Zusatzangebote der Airlines filtern und einheitlich darstellen.

5.1.1 Technischer Aufbau und Architektur

Wie in der IATA/NDC Lösung beschrieben, sollte eine zentrale API als Schnittstelle zwischen Airlines und Marktteilnehmern dienen. Die Produkte der Airlines sollten hier mit zusätzlichen Produktdifferenzierungsmerkmalen abrufbar sein. Meta-Suchmaschinen sowie OTAs und andere Marktteilnehmer haben nun die Möglichkeit über diese API alle Produktinformationen zu erhalten und in ihren Systemen die verschiedenen Tarifkombinationen zu kalkulieren. So wird beispielsweise den Meta-Suchmaschinen eine Integration von Zusatzleistungen der Airlines ermöglicht. Bei den Suchergebnissen könnten so zusätzliche Informationen, wie verfügbares W-LAN, Anzahl und Gewicht der Gepäckstücke, sowie Upgrade-Konditionen einfach dargestellt werden und die Airlines hätten hier eine Vielzahl an Differenzierungsmöglichkeiten.

5.1.2 Technische Voraussetzungen seitens der Airlines

Der vorgestellte Lösungsansatz basiert auf dem Konzept, dass Airlines ihre Tarife in Echtzeit den Marktteilnehmern bereitstellen. Die internen Reservierungssysteme basieren aber immer noch auf Großrechnertechnologien, die zwar eine erhebliche Leistung mit sich bringen, aber nur schwer an moderne Systeme gekoppelt werden können.[122]

Sollten Airlines tatsächlich eine Distribution der Tarife, losgekoppelt von den GDS ermöglichen wollen, müssen diese ihre eigenen Reservierungssysteme und die damit verbundene Systemwelt von Grund auf erneuern.[123] [124]

Zusätzlich wird der von der IATA geforderte einheitliche Standard für den Datenaustausch benötigt.

---

[122] Vgl. Pease, 2007, S. 103

[123] Vgl. Jegminat, fvw, 2012

[124] Vgl. O'Neill, tnooz.com, 2013

5.1.3 Funktionsweise des Buchungsprozesses

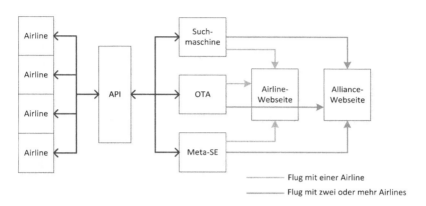

Abbildung 12: Produktdistribution ohne GDS [125]

Der Passagier stößt mittels einer Flugsuche über OTAs, Meta-Suchmaschine oder einer allgemeinen Suchmaschine die Suche eines gewünschten Fluges an. Die jeweiligen Marktteilnehmer greifen nun mittels der API auf die von den Airlines bereitgestellten Daten zu, errechnen den optimalen Tarif und stellen dies, inklusive der von den Airlines angebotenen Zusatzleistungen, einheitlich dar. Der Reisende hat nun die Möglichkeit seine Suchergebnisse nach mehreren Kriterien zu filtern und zu sortieren.

Erfolgt nun eine Auswahl des gewünschten Fluges, wird der Reisende auf die Airline-Buchungswebseite weitergeleitet, auf der abschließend die Flugbuchung durchführen werden kann. Sollte ein Flug mit mehreren Airlines durchgeführt werden, erfolgt eine Weiterleitung auf die jeweilige Alliance-Webseite. Die Buchung gestalte sich hier exakt gleich, verglichen mit der Airline-Webseite. Dies bedeutet gleichzeitig, dass die einzelnen Airlines in einer Allianz, jeweils dieselben Konditionen und Leistungsangebote bereitstellen müssen.

---

[125] Quelle: selbst erstellt

5.1.4 Buchungsprozess auf der Airline-Webseite

Der Ansatz, dass grundsätzlich immer auf der Webseite der Airline die Buchung stattfindet, hat folgende Gründe:

- Kein zusätzliches System und keine zusätzliche Datenbank sind notwendig

- Die Distributionskosten entfallen komplett, es bleiben lediglich die Kommissionen an Suchmaschinen und OTAs.

- Differenzierte Leistungsanbietung: Die meisten der 550 Airlines haben unterschiedliche Leistungsangebote, seien es unterschiedliche Upgradepreise, W-LAN Verfügbarkeit oder Sitzplatzauswahl. Diese können auf den jeweiligen Airline- oder Alliance-Webseiten am besten dargestellt werden.

- Maßgeschneiderte Angebote für Kunden: Am Beginn eines Buchungsvorganges auf einer Airline-Webseite hat der Reisende die Möglichkeit sich einzuloggen oder zu registrieren, die Airlines haben die Möglichkeit hier ihren Kunden weitere Incentives zu bieten.

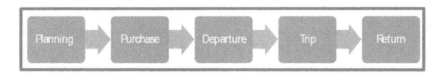

Abbildung 13: Herkömmlicher Flugbuchungsprozess[126]

Im direkten Vergleich zu einer herkömmlichen Buchung einer Flugreise sind hier die Vorteile auf einem Blick erkennbar.

[126] Quelle: Modifiziert übernommen aus: Forrester Research Report, 2011

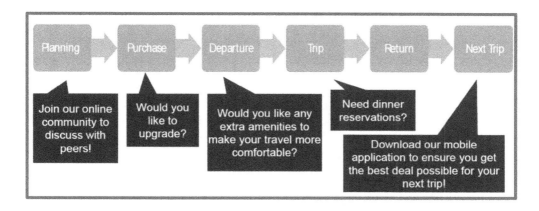

Abbildung 14: Marketingmaßnahmen im Flugbuchungsprozess [127]

Sobald ein Kunde auf der Buchungswebseite einer Airline angelangt ist, werden entlang der Buchungsschritte marketingtechnische Maßnahmen ergriffen, um die Kundenbindung zu fördern, bzw. die Kaufbereitschaft abzuschöpfen.

5.1.5 Vergütungsmodell

Wie bisher, sollten Airlines im vorgestellten Lösungsansatz buchungsbedingt Provisionen an die Marktteilnehmer vergüten. Entfallen würden hier demnach die gesamten Kosten einer GDS-Distribution. Des Weiteren könnten seitens der Betreiber der zentralen API (im Idealfall wären das die Airlines selbst, bzw. die IATA), einen Teil der Entwicklungs-, sowie Wartungs- und Betriebskosten durch Nutzungsgebühren an die Marktteilnehmer weitergegeben werden.

5.1.6 Betroffene Systeme in der Distribution

Bezogen auf das im Kapitel 5.1 beschriebene Distributionsmodell, ergeben sich für einige Systemteilnehmer veränderte Situationen, diese werden hier geschildert.

---

[127] Quelle: Modifiziert übernommen aus: Forrester Research Report, 2011

- Online Travel Agencies:

  Für die OTAs selbst würden nur geringfügig Veränderungen eintreten. Anstatt die Tarife aus den GDS zu laden, werden diese nun über die API geladen. OTAs haben nach wie vor die Möglichkeit Tickets frühzeitig von Airlines zu erwerben und können diese auch zu einem günstigeren Preis anbieten, dieses Kontingent wird bei der einzelnen Airline für die jeweilige Online Travel Agency gesperrt.

  Sollte nun ein Reisender diesen Tarif buchen, leitet die OTA-Webseite automatisch auf die Airline-Webseite weiter, auf der dann das gesperrte Kontingent freigeschaltet wird. Die restliche Buchung, wie z.B. Buchung eines Hotels oder Mietwagens wird nach wie vor auf der OTA-Webseite durchgeführt.

- Global Distribution Systems:

  Für die GDS hätte die vorgestellte Lösung einschneidende Maßnahmen zur Folge. Die GDS wäre in der Online-Flugbuchung nicht mehr existent. Dennoch wären die GDS nach wie vor für die Airlines von großer Bedeutung. High Value Customer, wie die Airlines ihre First- und Business-Class Reisenden nennt, reservieren Großteils über stationäre Reisemittler. Diese sind nach wie vor Systemnutzer der GDS. Probleme der Airlines sind somit, dass sie mittelfristig, bei Einführung eines neuen Systems, zwangsweise trotzdem ihre Tarife über die GDS bereitstellen müssen, da sie sonst eine hohe Anzahl ihrer High Value Customer verlieren.[128]

- Tarif-, Flugplan- und Verrechnungsdatenbanken:

  Die in einer GDS Systemwelt befindlichen Datenbanken würden in der dargestellten Lösung im Onlinevertrieb obsolet werden. Selbst für den Offline-Vertrieb stellt sich die Frage, ob die GDS ihre Tarife und Vakanzen noch über die Datenbanken beziehen würden, oder diese von den Airlines selbst abrufen.

---

[128] Vgl. Parkins, The Economist, 2012

5.1.7 Erfolg des langfristigen Lösungsansatzes

Grundsätzlich gilt zu sagen, dass der gezeigte, langfristige Lösungsansatz, der sich technisch sehr stark an der IATA/NDC Lösung orientiert, nicht nur eine Entwicklungszeit von einigen Monaten benötigen würde, sondern dies sicherlich einige Jahre in Anspruch nähme.[129] Fakt ist, dass über kurz oder lang die Großrechner der Airlines ersetzt werden müssen, bis dahin wird sich das Reisegeschäft noch mehr in Richtung Online-Vertrieb entwickeln und zahlreiche Mittelweglösungen werden hier wohl noch Verwendung finden.[130] Beobachtet man die letzten Entwicklungen im Reisesektor, ist es nur noch eine Frage der Zeit, dass durch Innovationstreiber wie Google oder IATA eine passende Alternativlösung die alten Systeme ersetzt.

5.2 Kurzfristiger Lösungsansatz

Trotz der Tatsache, dass die Global Distribution Systems kurzfristig nicht ersetzt werden können, haben Airlines die Möglichkeit kurz- und mittelfristig den Direktvertrieb zu forcieren, neue Technologien und Trends kommen ihnen hier zu Gute.[131] Konkret handelt es sich hier um den Bereich des Mobile-Commerce. Wie in den vorherigen Kapiteln erläutert, ist der kostengünstigste Weg für die Airlines im Onlinevertrieb ihre Tarife direkt an den Endkunden zu vertreiben. Sei es über die eigene Buchungswebseite oder über Suchmaschinen. Nachfolgend werden die Möglichkeiten und Potentiale des M-Commerce im Flugbuchungsbereich aufbereitet und anhand eines Praxis-Beispiels näher gebracht.

5.2.1 Mobile Commerce

Als M-Commerce wird ein spezieller Bereich des E-Commerce bezeichnet. Es umfasst drahtlose, internetbasierende Transaktionen, dessen Durchführung mittels mobilen Endgeräten ermöglicht wird.[132]

---

[129] Vgl. IATA NDC Information & Roadmap, 2012
[130] Vgl. Harteveldt, IATA Report, 2012
[131] Vgl. Davidson, CEO Farelogix, 2011
[132] Vgl. Masterson, 2004, S.2

Laut Studien wird das Surfen per Tablet oder Smartphone im Jahr 2016 den klassischen PC überholen. Auch die Airline-Industrie macht sich diese Technologie als Direktvertriebskanal zu Nutze. 2013 werden 70% aller Airlines mit einem mobilen Webauftritt, entweder über Responsive Design und/oder App auf diversen mobilen Betriebssystemen vertreten sein. Für 2015 wird prognostiziert, dass 90% der weltweit agierenden Airlines ihre Tickets über diesen Distributionsweg vertreiben. Bis 2017 werden 50% der Online-Flugbuchungen über mobile Endgeräte erwartet.[133] [134]

Bei Betrachtung der jüngsten strategischen Maßnahmen, nämlich die Forcierung des Direktvertriebs und die damit verbundene Disintermediation, kommt diese Technologie wie gerufen. Eine enge Zusammenarbeit mit Metasuchmaschinen und deren Präsenz auf mobilen Endgeräten könnte sich hier als sehr erfolgreich herausstellen. Dies wird am Beispiel der Airline „Lufthansa" und der Metasuchmaschine „swoodoo" gezeigt. Getestet wurde eine Flugverbindung von Frankfurt nach München in der swoodoo-App auf einer mobilen IOS Plattform.

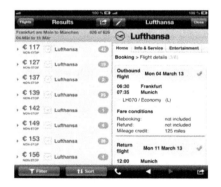

Abbildung 15: Mobile-App Buchungsprozess mittels swoodoo/Lufthansa [135]

Nach Eingabe der gewünschten Flugdaten wird ein Ergebnis nach Airlines gelistet, der günstigste Preis wird erstgereiht. Anschließend erfolgt eine Anzeige der Ticketanbieter. Im Idealfall sollte das Ergebnis der Airlines hier erstgereiht sein.

---

[133] Vgl. SITA Survey, 2012
[134] Vgl. Harteveldt, IATA Report, 2012
[135] Quelle: Buchungsprozess selbst durchgeführt

Nach der Auswahl des Anbieters (in diesem Testfall die Airline „Lufthansa") wird man direkt im App auf die mobile Buchungsseite der Lufthansa weitergeleitet, auf der noch zeitliche Korrekturen von Hin- und Rückflug möglich sind.

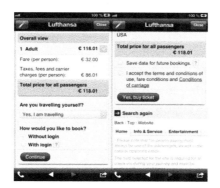

Abbildung 16: Mobile-App Buchungsprozess mittels swoodoo/Lufthansa [136]

Nach der Auswahl der Flüge bietet Lufthansa an sich einzuloggen, in diesem Fall sind die Daten des Reisenden bereits hinterlegt und eine Eingabe dieser entfällt. Im Testfall erfolgt die Buchung ohne Login. Nach Eingabe der persönlichen Daten folgen Bezahlung und die Buchungsoption. Nachfolgend ist die Buchung abgeschlossen und man erhält je nach Wunsch eine Bestätigungs-SMS oder Mail.

Einige Airlines, wie hier im Testbeispiel die Lufthansa, haben den technischen Fortschritt genutzt und eine sehr einfache und gelungene Lösung für die mobile Flugbuchung realisiert. Das E-Ticket wird dabei schon direkt, in Form eines QR-Codes auf das Smartphone gesendet. Dieser dient als vollwertiger Ticketersatz.

Sollte sich der Trend des Mobile Commerce tatsächlich in die Richtung bewegen, welche diverse Studien vorhersagen, wäre dies der optimale Kanal für die Airlines ihre Tickets zu vertreiben und so kurzfristig die GDS-Distribution zu umgehen. Natürlich kommen hier noch weitere Faktoren hinzu, denn klarerweise haben auch OTAs die Möglichkeit im M-Commerce Fuß zu fassen. So würde das Spiel von neuem beginnen, denn eine Buchung mittels OTA würde zwangsläufig wieder die Nutzung eines Distributionsweges über die GDS heißen.

---

[136] Quelle: Buchungsprozess selbst durchgeführt

Die Airlines müssen somit garantieren, ihre Tickets günstiger oder zum selben Preis zu offerieren, wie die Online Travel Agents. Dies stellt sich aber noch als problematisch heraus, da die OTAs bisher gesetzlich noch nicht dazu verpflichtet sind den gesamten Ticketpreis von Anfang an bekanntzugeben.

6 Fazit und Ausblick

Grundsätzlich kann davon ausgegangen werden, dass nach heutigem Stand in der gesamten Reisebranche, durch den Einzug des Internets, folgende Änderungen verstärkt eintreten werden:

- Disintermediation der Distribution [137]

- Standardisierte Datenformate und Inhalte

- GDS werden in ihrer jetzigen Konstellation als Global Player nur mehr in der klassischen Reisedistribution zu finden sein, ausgenommen der Online-Plattformen die von den GDS Betreibern selbst gehostet werden. Laut Studien wird die traditionelle Buchung über ein GDS auf 7% der weltweiten Flugbuchung schrumpfen.[138]

- Maßgeschneiderte, kundenorientierte Angebote, inklusive den im E-Commerce Bereich bereits gängigen Cross- und Up-Selling-Möglichkeiten.[139]

- Akquise von Unternehmen mit hohem Reisedistributions-Know-How durch große IT-Unternehmen. (Bsp. Google → ITA) um am Markt einzusteigen.

- Fokus auf Mobile-Commerce

---

[137] Vgl. Granados, 2008, S. 1
[138] Vgl. Harteveldt, IATA Report, 2012
[139] Vgl. Prideaux, 2001, S.226

Eine Kernaussage aus einer Studie von Forrester Research trifft es auf den Punkt: „Airlines fliegen heute nicht mit denselben Flugzeugen wie 1970 und es kann auch das Geschäftsmodell heute nicht dasselbe sein wie im Jahr 1970.[140]

Durch die momentan präsenten neuen Medien und Technologien wie Social Networks, Mobile Commerce, Metasuchmaschinen, Smartphones und Tablet-PCs, ergeben sich viele neue Wege für Airlines ihre Produkte zu distribuieren, hier beginnt ein Multi-Channel Vertrieb auf einer ganz neuen Ebene. Sollten die Airlines ihre internen Reservierungssysteme künftig modernisieren und auf die Verwendung offener Standards setzen, gestalten sich auch Anbindungen an externe Dienstleiser wie Metasuchmaschinen viel einfacher.

Die GDS werden es demnach auch in Zukunft nicht leichter haben, lediglich ihre eigenen Beteiligungen bei OTAs oder der klassische Vertrieb über stationäre Reisebüros scheinen als Vertriebskanal sicher.

Ziel der Airlines wird demnach künftig nicht mehr die Distribution der Tarife sein, sondern eine wertgenerierende Multi-Channel E-Commerce Lösung. Die Verschmelzung der klassischen Tarifdistribution, des Ticketverkaufs und Marketings wir eine der Hauptthemen in den nächsten Jahren sein. Warum sollten nicht die „Produkte" der Airlines genauso gut zu vertreiben sein wie die, des klassischen E-Commerce. Die Fluggesellschaften werden sich von der Tarifdistribution über zahlreiche Intermediäre entfernen und die Auswahl der relevanten und effektiven Vertriebskanäle wird einen zentralen Faktor spielen.

Die Ausarbeitung hat gezeigt, dass nicht nur die GDS Nachholbedarf hinsichtlich ihres technischen Hintergrundes haben, sondern auch die Airlines selbst. Obwohl es der eindeutige Wunsch der Airlines ist, ihre Produkte differenzierter zu vertreiben, werden trotzdem nur wenige Maßnahmen gesetzt um dies mittel- oder langfristig zu ermöglichen, hier werden eher kurzfristige Lösungen, wie der Direktvertrieb mittels M-Commerce forciert.[141]

Der Flugticketvertrieb ist ein sehr umkämpftes Gebiet, nicht umsonst ist es die erfolgreichste Einzelsparte im gesamten E-Commerce.[142] Daher ist es kaum ver-

---

[140] Vgl. Harteveldt, Forrester Research Report, 2011
[141] Vgl. SITA Survey, 2012
[142] Vgl. Cisco Studie, 2011

wunderlich, dass sich viele der jetzigen Systemteilnehmer sträuben ihre Systeme grundlegend zu ändern und auf offene Standards zu setzten. Sollte dies nämlich geschehen, ständen dem Rest der E-Commerce Unternehmen nichts im Wege, im Reisegeschäft mitzumischen.[143]

---

[143] Vgl. Granados, 2008, S. 7

Literaturverzeichnis

Monographien, Bücher und Sammelbände

Buhalis, Dimitrios: „eTourism: Information Technology for Strategic Tourism Management", 2003

Schulz, Frank, Seitz: „Tourismus und EDV: Reservierungssysteme und Telematik", 1996

Schulz, Weithöner, Goecke: „Informationsmanagement im Tourismus, E-Tourismus: Prozesse und Systeme", 2010

Sterzenbach, Conrady, Fichert: „Luftverkehr: betriebswirtschaftliches Lehr- und Handbuch" 1. Auflage, 2003

Laudon, Laudon, Schoder: „Wirtschaftsinformatik", 2006

Gunther, Dirk: „Airline Distribution" in „Quantitative Problem Solving Methods in the Airline Industry: A Modeling Methodology Handbook", 2011

Schulz, Berg, Gardini, Kirstges, Eisenstein: „Grundlagen des Tourismus: Lehrbuch in 5 Modulen", 2010

Koch, Walter: „Zur Wertschöpfungstiefe von Unternehmen: Die strategische Logik der Integration", 2006

Pease, Rowe, Cooper: „Information and Communication Technologies in Support of the Tourism Industry", 2007

Prideaux, Bruce: „Airline distribution systems: the challange and opportunity of the Internet" in "Tourism Distribution Channels: Practices, Issues and Transformations", 2001

Prideaux, Carson: „Drive Tourism: Trends and Emerging Markets", 2010

Granados, Nelson: "The Impact of IT-driven Market Transparency on Demand, Prices and Market Structure", 2006

Moutinho, Luiz: „Strategic Management in Tourism", 2011

Levene, Mark: „An Introduction to Search Engines and Web Navigation", 2011

Doganis, Rigas: „The Airline Business", 2006

Fachartikel und Journale

Masterson, Wei: "Mobile Commerce Opportunities in the Airline Industry" University of West Florida, 2004

Wei, Lu: „An Analysis of Airline E-Commerce Strategies in Ticket Distribution", College of Economics & Management, Civil Aviation University of China, 2005

Granados, Nelson: "The Emerging Role of Vertical Search Engines in Travel Distribution: A Newly-Vulnerable Electronic Markets Perspective", 41st Hawaii International Conference on System Sciences, 2008, http://www.hicss.hawaii.edu/hicss_41/decisionbp/oscse11.pdf [heruntergeladen am 23.01.2013]

Koo, Mantin, O'Connor: "Online distribution of airline tickets: Should airlines adopt a single or a multi-channel approach?", 2011, in Journal of Tourism Management, Volume 32, Issue 1, S. 69-74

Artikel aus dem Web

Cisco Studie: "Global E-Commerce Advanced Multichannel Expectations in Highly Developed Markets", 2011, http://www.cisco.com/web/about/ac79/docs/retail/Global-E-Commerce_Multichannel.pdf [heruntergeladen am 22.10.2012]

PhocusWright Studie: „The Role and Value of the Global Distribution Systems in Travel Distribution", 2010, http://www.phocuswright.com/free_reports/the-role-and-value-of-the-global-distribution-systems-in-travel-distribution-whitepaper-and-presentation [heruntergeladen am 22.10.2012]

PhocusWright & Amadeus Studie: "Empowering Inspiration: The Future of Travel Search", 2012, http://www.phocuswright.com/free_reports/empowering-inspiration-the-future-of-travel-search, [heruntergeladen am 22.10.2012]

PhocusWright & Sabre Report: "Europäische Reisebüros", 2011, http://de.eu.sabretravelnetwork.com/images/uploads/collateral/TNEMEA-11-14836_-_DE_Online_White_Paper.pdf, [heruntergeladen am 22.10.2012]

PhocusWright & Akamai Studie: „Consumer Response to Travel Site Performance", 2010, http://www.akamai.de/dl/PCW_Consumer_WP_Akamai_FINAL.pdf [heruntergeladen am 23.01.2013]

SITA Survey: "Airline IT Trends 2010", 2010, http://www.sita.aero/surveys-reports/industry-surveys-reports/airline-it-trends-survey-2010 [Zugriff am 14.11.2012]

SITA Survey: "Airline IT Trends 2012", 2012, http://www.sita.aero/surveys-reports/industry-surveys-reports/it-trends-hub [Zugriff am 14.11.2012]

Harteveldt, Henry in: Forrester Research: „Good And Tough: Forrester's 2011 Travel Industry Outlook", 2011, http://www.mindtree.com/downloads/Good-And-Tough-Forrester's-2011-Travel-Industry-Outlook-Henry-H.Harteveldt-@Forrester.pdf [Heruntergeladen am 14.11.2012]

Harteveldt, Henry, Forrester Research: "GDS Deregulation to Slow, Not Stop, Direct Connect, A Forrester Report", 2002 in "Future of Travel & Tourism Industry with the adoption of Web Services in Electronic Distribution", 2006, http://www.infosys.com/industries/hospitality-leisure/white-papers/Documents/webservices-adoption-travel-tourism.pdf [Zugriff am 14.12.2012]

Harteveldt, Henry in IATA Report: „The Future of Airline Distribution: A Look Ahead To 2017", 2012, http://www.iata.org/whatwedo/stb/Documents/future-airline-distribution-report.pdf [heruntergeladen am 28.12.2012]

Rose, Norm: PhocusWright & OpenJaw Studie: „The Airline as a Retailer", 2011, http://www.brandchannel.com/images/papers/530_phocuswright_wp_airline_as_retailer_0911.pdf [heruntergeladen am 21.01.2013]

Sabre Report: "Best Of Both Worlds", 2008, http://www.sabreairlinesolutions.com/pdfs/BestOfBothWorlds_APR_2008.pdf [heruntergeladen am 17.10.2012]

Google Studie: "The 5 Stages of Travel: From Dreaming to Booking to Sharing", 2012, http://www.thinkwithgoogle.com/insights/featured/five-stages-of-travel/ [Zugriff am 23.01.2013]

Parkins, David: "The travel business: The ineluctable middleman" in: The Economist, 2012, http://www.economist.com/node/21560866 [Zugriff am 22.11.2012]

Spaltenholz, Bianca, Spaltenholz Studie: "Die Wertschöpfungskette aus Sicht der Hoteliers", 2011, http://www.spalteholz.com/go/47a7c12e-215a-cd30-7a2fc0a0e8d07f9e [heruntergeladen am 14.11.2912]

Fachzeitschrift "fvw" Artikel: "Die neue Macht", 2012, in fvw Nr. 10, http://www.wiso-net.de/webcgi?START=A60&DOKV_DB=ZGEN&DOKV_NO=FVW0512110 20&DOKV_HS=0&PP=1 [heruntergeladen am 17.10.2012]

Leopold, Eric, IATA director of passenger services and Davidson, James, CEO Farelogix: "IATA: New technology would amount to 'GDS on steroids'", 2012, http://www.travelweekly.com/Travel-News/Travel-Technology/IATA-NDC-would-amount-to-GDS-on-steroids/ [Zugriff am 04.11.2012]

Davidson, James, CEO Farelogix, in: "GDS travel-booking model faces change", 2011, http://nicholaskralev.com/2011/02/10/gds-travel-booking-model-faces-change/ [Zugriff am 23.01.2013]

Jagerhofer, Hannes, ehem. CEO Checkfelix: „2. Amadeus Zukunftsgespräche", 2008, http://www.amadeus.com/at/x133858.html [Zugriff am 18.10.2012]

Jankowfsky, Lars: ehem. CTO Swoodoo, 2009, http://forum.airliners.de/lofiversion/index.php?t43076-50.html [Zugriff am 10.12.2012]

Lassnig, Markus: „Vom eTourismus zu Travel 2.0 – IKT-Innovationen im Wechselspiel mit touristischen Trends", 2009, in HMD 270, Jg. 46, Salzburg Research, http://hmd.dpunkt.de/270/01.php [heruntergeladen am 17.10.2012]

Jegminat, Georg, fvw Traveltech: "Hat die IATA ihr NDC-Projekt zu Ende gedacht?", 2012, http://eblog.fvw.de/index.cfm/2012/10/17/Hat-die-Iata-ihr-NDCProjekt-zuende-gedacht [Zugriff am 25.12.2012]

Dau, Daniela: Süddeutsche Zeitung: "Wenn der Flieger überbucht ist", 2012, http://www.sueddeutsche.de/reise/passagierrechte-wenn-der-flieger-ueberbucht-ist-1.1471395 [Zugriff am 23.12.2012]

Horny, Tinga: Focus.de: „Warum überbuchen Airlines?", 2007, http://www.focus.de/reisen/flug/tid-8118/ueberbuchungen_aid_145401.html, [Zugriff am 17.12.2012]

McDonald, Michele in: Air Transport World: "A look back at 2012: Airlines strive to break the hold of commoditization", 2012, http://atwonline.com/it-distribution/article/look-back-2012-airlines-strive-break-hold-commoditization-1210 [Zugriff am 23.12.2012]

McDonald, Michele in: Travelmarket Report: "Airline Distribution Tomorrow", 2012, http://www.travelmarketreport.com/articles/IATA-Says-NDC-Will-Expand-Agents-Ability-to-Book-Airline-Products [Zugriff am 28.12.2012]

McDonald, Michele in: Travelmarket Report: "Why Airlines May Cut the EDIFACT Cord", 2010, http://www.travelmarketreport.com/technology?articleID=3140&LP=1, [Zugriff am 23.01.2013]

May, Kevin: in tnooz.com: "SITA takes on ATPCO with new airline distribution service", 2011, http://www.tnooz.com/2011/03/24/news/sita-takes-on-atpco-with-new-airline-distribution-service/ [Zugriff am 24.11.2012]

O'Neill, Shawn: in tnooz.com: "The real NDC: Decoding the planned (r)evolution in airline distribution by IATA and airlines", 2013, http://www.tnooz.com/2013/01/17/news/the-real-ndc-decoding-the-planned-revolution-in-airline-distribution-by-iata-and-airlines/ [Zugriff am 23.01.2013]

Raiteri, Ashley, CTO Flextrip in: tnooz.com: „Why is the travel industry so unfriendly to startups? ", 2011, http://www.tnooz.com/2011/05/26/news/why-is-the-travel-industry-so-unfriendly-to-startups/ [Zugriff am 24.12.2012]

Shacklett, Mary in: z/Journal: „TPF: Modernizing the Other Operating System", 2010, http://enterprisesystemsmedia.com/article/tpf-modernizing-the-other-operating-system [Zugriff am 18.11.2012]

Google/ITA QPX-Datenbankbeschreibung: http://www.itasoftware.com/products/shopping-pricing/qpx.html [Zugriff am 24.11.2012]

ITA Pressetext: http://www.businesswire.com/news/home/20080721005602/de/, 2008 [Zugriff am 14.11.2012]

Farelogix Unternehmensinformationen: http://www.farelogix.com/company.php, http://www.farelogix.com/people.php, http://www.farelogix.com/flx-platform.php sowie http://www.farelogix.com/suppliers.php [Zugriff am 14.11.2012]

SITA Unternehmensinformationen: http://www.sita.aero/about-sita/what-we-do/facts-and-figures [Zugriff am 08.12.2012]

SABRE Unternehmensinformationen: http://www.sabre.com/home/about/sabre_history [Zugriff am 18.11.2012]

Amadeus PR, http://www.amadeus.com/de/x221472.html [Zugriff am 08.12.2012]

Amadeus Public Filings, 2010, in: Distribution Solutionz: „Who is the biggest GDS? ", 2011, http://distribution-solutionz.blogspot.co.at/2011/06/who-is-biggest-gds.html [Zugriff am 14.12.2012]

Amadeus Trainingshandbuch: „Amadeus Fares", 2009, http://www.amadeus.com/at/documents/aco/at/Amadeus%20FARES.pdf [heruntergeladen am 20.10.2012]

IATA Unternehmensinformationen: http://iata.org [Zugriff am 14.11.2012]

IATA Resolution 787: "Resolution 787: Enhance Airline Distribution", 2012, http://www.iata.org/whatwedo/stb/Documents/resolution-787.pdf [heruntergeladen am 18.12.2012]

IATA NDC Information & Roadmap: „New Distribution Capability", 2012, http://www.iata.org/whatwedo/passenger/Documents/ndc-factsheet3nocrops.pdf [heruntergeladen am 23.01.2013]

IATA Presseaussendung: "Luftfahrtindustrie erwartet 800 Millionen zusätzliche Passagiere im Jahr 2014", 2011, http://www.iata.org/pressroom/pr/Documents/German-PR-2011-02-14-02.pdf [heruntergeladen am 14.11.2012]

Pegasus Solutions Unternehmensinformationen: http://www.pegs.com, [Zugriff am 24.12.2012]

ARC Unternehmensinformationen: http://www.arccorp.com/news/pr20080408a.jsp [Zugriff am 08.12.2012]

ATPCO Unternehmensinformationen: http://www.atpco.net/atpco/aboutoc.shtml, [Zugriff am 08.12.2012]

OAG Unternehmensinformationen: http://www.oag.com, [Zugriff am 14.12.2012]

IBM, TPF Beschreibung: http://www-01.ibm.com/software/htp/tpf/pages/Ztpfoverview.htm [Zugriff am 24.11.2012]

www.ingramcontent.com/pod-product-compliance
Lightning Source LLC
LaVergne TN
LVHW080119070326
832902LV00015B/2666